Raus aus der Eifersucht und rein ins Leben

Schnelle und wirksame Wege zum eigenen Selbst

Jens Güthe

Jens Güthe

Raus aus der Eifersucht und rein ins Leben

Schnelle und wirksame Wege zum eigenen Selbst

Bibliografische Information der Deutschen Nationalbibliothek:
Die Deutsche Nationalbibliothek verzeichnet diese Publikation in der Deutschen Nationalbibliografie; detaillierte bibliografische Daten sind im Internet über http://dnb.dnb.de abrufbar.

Herstellung und Verlag: BOD – Books on Demand, Norderstedt
ISBN: 9783746048031

Inhaltsverzeichnis

Vorwort

Eifersucht und Verlustangst sind äußerst belastende Gefühle, die nicht nur das Fortbestehen der eigenen Partnerschaft gefährden, sondern auch das eigene Wohlbefinden nachhaltig stören und zu intensivsten
Gefühlsreaktionen, nicht selten sogar zu einem regel-
rechtem Gefühlschaos, führen können. Der Eindruck,
emotional nicht aus sich heraus zu kommen, abhängig
zu sein, den Partner verlieren zu können, sich gedanklich ständig wie im Kreis zu drehen und fortlaufend
kontrollieren zu müssen, treibt den Einzelnen mitunter
in den Wahnsinn und bringt im Ergebnis, außer tiefster
Frustration auf beiden Seiten, nichts. Im Gegenteil. Viele Beziehungen brechen unter der jeweiligen Belastung
früher oder später zusammen und am Ende droht im
schlimmsten Fall genau das, wovor der Betroffene am
meisten Angst hat,-nämlich im Ergebnis alleine da zu
stehen. Doch niemand muss sich mit einem Zustand abfinden, der weder dem Einen, noch dem Anderen dient
und außer trennenden Erfahrungen kaum wirklich etwas Positives parat hält. Effektive Hilfe ist möglich und
der Ausstieg aus einem Kreislauf der Angst vielfach
leichter, als Du denkst!

Einleitung

Ja, Du hast richtig gehört. Eifersucht führt zu Einsamkeit! Sie bringt Dich zielsicher genau zu dem, was Du am wenigsten willst. Genau zu dem, was Du so intensiv zu vermeiden versuchst. Die Sicherheit, nach der Du Dich dabei am meisten sehnst, wirst Du auf diesem Weg garantiert nicht erreichen. Wenn es so wäre, dann hättest Du dieses Buch nicht in der Hand, denn Du wärst bereits da und wahrscheinlich einfach glücklich. Doch die Tatsache, dass Du es in der Hand hast zeigt, dass Du es offenbar nicht bist und die bisherigen Strategien nicht wirklich gut funktioniert haben. Ich vermute jedoch, dass Du nunmehr alles daran setzen willst, diesen Zustand endlich wieder verbessern zu wollen und in Zukunft einfach gerne wieder frei und unabhängig leben möchtest. Sicherlich hast Du dieses Buch in der Hoffnung auf entsprechende Veränderung gekauft und erwartest eine zielgerichtete Unterstützung. Und genau diese möchte ich Dir gerne geben. Die zunächst einzig wichtige Voraussetzung ist, dass Du bereit bist, alles zu tun, was zur Verbesserung Deiner Situation von Nöten ist. Welche konkreten Schritte das sein könnten, wirst Du in diesem Buch erfahren. Womöglich hast Du schon unzählige Versuche unternommen, diese nervtötenden Beschwerden endlich loszuwerden und Dir eine Menge Gedanken um die jeweiligen Ursachen und Hintergründe gemacht. So möchte ich Dir an dieser Stelle schon einmal eine gute Nachricht geben: Du kannst Deine Eifersucht überwinden! Niemand muss sich mit einem Zustand abfinden, der weder dem Einen, noch dem Anderen etwas bringt und lediglich zum Gegenteil von dem führt, was man sich in Wahrheit wünscht.

Dieses kleine Buch bietet Dir eine schnelle Hilfe gegen Deine Beschwerden. Ohne lange Umwege werden die wesentlichen Ursachen und Zusammenhänge auf den Punkt gebracht und klare Lösungsstrategien angeboten, die Du sofort umsetzen kannst. Finde Dich also nicht länger mit einem Zustand ab, der nur das bewirkt, wovor Du am meisten Angst hast, sondern verändere durch wenige, aber effektive Schritte die Richtung. Werde Dir klar darüber, dass Dich der bisherige Weg nicht dahin geführt hat, wo Du gerne sein möchtest, denn sonst hättest Du, wie bereits angesprochen, dieses Werk nicht in der Hand. Schritt für Schritt, provokativ und direkt, leitet Dich dieses Werk daher an, die wesentlichen Punkte zu erkennen und gibt Raum für eigene Lösungsstrategien.

Ursachen

Das richtige Wissen befreit bekanntlich aus der Ohnmacht und daher ist es zunächst einmal wichtig, dass Du die häufigsten Ursachen Deiner Eifersucht einfach kennst. Grundsätzlich sind Erfahrungen des Verlustes, der Trennung sowie ein Mangel an Liebe, Schutz und Geborgenheit in der Vergangenheit, meist zurückreichend bis in früheste Kindheit, der Grund und die Ursache für Gefühle der Eifersucht und Verlustangst in späteren Jahren. Wenn Du in dieser prägenden Zeit bereits trennende Erfahrungen, zum Beispiel die Trennung Deiner Eltern erlebt hast oder von einer eher lieblosen oder emotional nüchternen Umgebung betroffen warst, erfährst Du bereits früh einen Mangel an Fürsorge und Geborgenheit sowie Schutz und Sicherheit. Doch sind gerade diese Erfahrungen Voraussetzung für eine stabile Entwicklung. Dabei wirkt sich nicht nur ein vernachlässigender Erziehungsstil tendenziell negativ aus, sondern auch ein von starker Behütung ausgehender. Störungen vielschichtiger Art in dieser Zeit beeinflussen die gesunde Entwicklung und damit auch die jeweilige Entfaltung Deiner Persönlichkeit nachhaltig und grundsätzlich zeitlich unbefristet. So kann es schlichtweg sein, dass Du mit Deinen Bedürfnissen, Wünschen und Ängsten in einer Zeit allein geblieben bist, als Du Schutz, Geborgenheit und Liebe am meisten brauchtest. Möglicherweise konntest Du zusehen, wie Du damit selbst fertig wurdest und warst schon früh auf Dich allein gestellt. Ein Kind bis zu einem gewissen Alter ist damit jedoch häufig überfordert. Existenziell wichtige Bedürfnisse, wie der Wunsch nach Liebe, Geborgenheit, Zuwendung, Sicherheit und Schutz sind ja nicht einfach dadurch verschwunden, indem sie nicht erfahren werden konnten, sondern werden gerade nach Erfahrungen des Mangels im Laufe der Jahre immer wieder gesucht. Dies bedeutet: Wenn Dir Deine Eltern als erste Bezugspersonen schon nicht das geben konnten, was notwendig gewesen wäre, um eine stabile und unabhängig denkende Persönlichkeitsstruktur aufzubauen, dann suchst Du Dir unbewusst einfach andere Wege im späteren Lebensverlauf. Die Zeit, die bis dahin vergangen ist, spielt dabei keine Rolle, denn unser Unterbewusstsein vergisst nichts. Du suchst Dir einfach andere Menschen, die Dir jetzt das geben sollen, was bislang gefehlt hat und wonach Du Dich, aus nachvollziehbaren

Gründen, nunmehr am meisten sehnst. Diese anderen, oft die jeweiligen Partner, sollen Dir jetzt stellvertretend geben, was Du brauchst, oder jedenfalls glaubst, zu brauchen. All das eben, was damals scheinbar gefehlt hat. Das im Inneren vorhandene Defizit soll aufgefüllt werden. So arbeitest Du mit großem energetischen Aufwand daran, über Andere etwas zu bekommen, was Du glaubst, unbedingt zu brauchen und begibst Dich unbemerkt in eine emotionale Abhängigkeit, die Dich in Wahrheit nur noch tiefer in den Sog der eigenen Belastungen führt. Du hoffst darauf, mit ganz viel Einsatz und Engagement andere Menschen für Dich gewinnen zu können und siehst den Partner nicht selten sogar als so etwas wie den eigenen „Besitz" an. Doch in Wahrheit bist Du an diesem Punkt bereits komplett entfernt von dir selbst. Du arbeitest nicht an einer Lösung, sondern bedienst Deine Angst. Gerade so, als ob Du dieser Angst (und hinter Eifersucht steckt so gut wie immer Angst) ständig Futter in der Hoffnung gibst, sie dadurch endlich besänftigen zu können. Doch das Gegenteil ist der Fall. Du fütterst in Wirklichkeit etwas, was Du eigentlich loswerden willst. Du stärkst damit genau das, was Du auf der anderen Seite bekämpfst. Wie soll das funktionieren? Deine dahinterliegenden Ängste, Unsicherheiten sowie das Gefühl starker emotionaler Abhängigkeit gegenüber Anderen behebst Du damit nicht. Im Gegenteil.

Erfahrungen des emotionalen Mangels in früher Entwicklungszeit wirken also auch über das Erwachsenenalter hinaus. Doch auch sehr behütende Elternhäuser wirken sich mitunter fatal aus, denn wenn Du mit der Erfahrung groß geworden bist, alles zu bekommen, was

Du Dir wünscht sowie jegliche Probleme von Seiten der Eltern aus dem Weg geräumt wurden, dann entwickelst Du unter Umständen Gedanken der Besitzansprüche sowie eine überhöhte Erwartungshaltung gegenüber Andern und begibst Dich somit in eine ebensolche Abhängigkeit, die weder gesund ist, noch irgendetwas von dem bewirkt, was Du Dir selbst wünscht. Auch eher versteckte, sogenannte „maskierte" Vernachlässigungen, also Erfahrungen des Mangels, die nicht gleich als solche erkennbar sind, spielen bei der Entwicklung von Eifersucht und Verlustangst eine Rolle. Hier ein Beispiel:

Kai ist 5 Jahre alt. Ein netter Typ, möchte man sagen,- ein smarter kleiner Junge, eher zierlich und zurückhaltend, doch stets hilfsbereit und zuvorkommend. Seine Mutter holt ihn pünktlich und seit jeher eher zu früh als zu spät aus dem Kindergarten ab. Jederzeit besorgt, so scheint es, um das jeweilige Wohl des Jungen, gibt sie sich doch nach außen jederzeit höflich und bemüht. Gespräche mit Erzieherinnen lauschte Kai wie automatisch, denn Kinder in diesem Alter haben ja bekanntlich Ohren wie Rhabarberblätter. Besonders dann, wenn relativ klar erschien, dass es um ihn selbst ging, war naturgemäß die Aufmerksamkeit für das, was die Erwachsenen da sagten, groß. Hatte die Mutter etwa Angst um irgendwas? Die vermeintliche Sorge war aus den angsterfüllten Gesichtszügen der Mutter jedenfalls im Laufe des Gesprächs nur noch unschwer zu entnehmen. Doch Kai wusste nie so richtig, weshalb sie sich eigentlich sorgte. Eigentlich, so dachte er, war doch alles in Ordnung mit ihm. Jedenfalls fühlte er das. Beiläufig waren da Worte wie „zu dünn", „zu oft Kopfschmerzen" oder „er isst zu wenig" zu vernehmen, doch hatte Kai selbst nie den Eindruck, irgendwie unter Hunger zu leiden. Ja, da war die lästige Migräne, die schon sehr früh ein Leiden beschrieb, was man so schnell keinem anderen Menschen wünschte, aber das war eben so. Ganz einfach so, wie der Eine „Dies" und der Andere eben „Das" hat. Doch wollte sich Kai's Mutter offenbar nie so richtig damit anfreunden, dass es ihrem Sohn einfach gut gehen durfte und schleppte ihn, nach außen tief besorgt, von Arzt zu Arzt, sozusagen von Pontius zu Pilatus. Kai erinnert sich noch heute an die immer gleiche Aussage der meisten Ärzte in Richtung der Mutter: Lassen Sie einfach los...er isst schon, sobald er Hunger hat...die Migräne kommt und geht...eine gewisse Übelkeit und Appetitlosigkeit ist da normal...machen Sie sich keine Sorgen...Ihr Sohn ist gesund. Es hätte ja so schön sein können, wenn doch nur die Worte auf fruchtbaren Boden gestoßen wären. Jedenfalls war Kai's Mutter offenbar nicht bereit zu akzeptieren, dass ihr Sohn gesund ist, denn der nächste Besuch bei einem anderen Arzt, diesmal eine Ärztin, folgte schnell. Blutuntersuchungen, Röntgenbilder, EKG's und EEG's kamen zum Einsatz, jedes mal mit dem gleichen Ergebnis: Alles in bester Ordnung! Man gewann den Eindruck, dass die Mutter zwar besorgt war, jedoch augenscheinlich mehr gegenüber sich selbst sowie Ihrer eigenen Angst und weniger konzentriert in Hinblick auf das tatsächliche Wohl ihres Kindes. So kam es, dass im Verlauf der Jahre mehr und mehr erkennbar wurde, dass es offenbar fast nur um sie selbst und relativ wenig um die Bedürfnisse des Kindes ging. Was für eine Tarnung. Doch Kai spürte schon früh,

So wie in diesem Beispiel kann es abweichend davon auch noch eine ganze Reihe weiterer Situationen geben, die ursächlich nicht gleich erkennbar sind, doch auch einen entsprechenden Mangel in einer Zeit beschreiben, als dieser besser nicht da gewesen wäre. Hinzu kommt in der beschriebenen Situationen noch das Gefühl der Täuschung, denn es wurde ja etwas vorgegaukelt, was in Wahrheit ganz anders war. Du kannst Dir sicherlich vorstellen, was es heißt, wenn sich ein Mensch getäuscht fühlt. Er wird tendenziell misstrauisch und kann sich kaum mehr vorstellen, dass es ein Anderer, häufig der Partner, nunmehr ernst mit ihm meint. Er glaubt ja noch nicht einmal an sich selbst. Wie soll er also an andere Menschen glauben, geschweige denn, diesen vertrauen können, wenn er bislang völlig andere Erfahrungen gemacht hat? Auch in solchen Situationen kommt es daher zu Eifersucht und entsprechenden Kontrollmaßnahmen, will man sich vor weiteren Täuschungen und damit Enttäuschungen ähnlicher Art schlichtweg schützen.

Darüber hinaus können ursächlich natürlich auch einfach belastende Erfahrungen, zum Beispiel enttäuschende Erlebnisse aus einer damaligen Beziehung, Trennungen und Verlusterfahrungen sonstiger Natur, Gründe für die Entwicklung von Eifersucht und Verlustangst sein. Es gibt also nicht das Erklärungsmuster schlechthin, vielmehr resultieren die jeweiligen Ursachen meistens aus einer Summe von negativen Erfahrungen und münden unbemerkt in Kontrollmaßnahmen, die weder dem Einen, noch dem Anderen dienen, sich jedoch meist unbemerkt einschleichen.

Was passiert bei Eifersucht und welche Formen gibt es?

Hinter Eifersucht steckt Verlustangst, die Angst vor dem Vergleich mit Anderen sowie der tiefe Wunsch nach Wahrung des eigenen Gesichts. Und auch hinter dem Wunsch, das eigene Gesicht gegenüber der Außenwelt wahren zu wollen, steckt Angst, nämlich die Angst vor Gesichtsverlust. Wir haben es also mit Angst zu tun! Deine individuelle Belastung deutet zunächst einmal darauf hin, dass Dich offenbar gerade unglaublich viel bewegt und Dein Tun und Handeln im wesentlichen durch Angst, jedoch nicht durch Dich und die Liebe zu Dir selbst, geprägt ist. Um die einzelnen Zusammenhänge besser zu verstehen, gehen wir am besten schrittweise vor. Die Verlustangst wurde ja bereits angesprochen. Wie beschrieben, handelt es sich dabei um eine Reaktion auf Erfahrungen des Verlustes, der Trennung oder als trennend erlebte Situationen in der Vergangenheit, die Du im Extremfall als existenziell bedrohlich erlebt hast. Wenn Du in einer Zeit allein gelassen wurdest, als Du besonders stark auf Hilfe von außen angewiesen warst, dann ging es Dir damit natürlich nicht besonders gut und Du setzt folglich alles daran, dies so nicht mehr wieder erleben zu müssen. Zu groß scheint Dir immer wieder die Gefahr zu sein, verlassen und enttäuscht zu werden und so arbeitest Du unermüdlich daran, einem solchen Risiko entsprechend vorzubeugen. Und wie kannst Du das tun? Im Grunde genommen gibt es aus Sicht Deiner Angst nur zwei Möglichkeiten: Entweder Du lässt Dich erst gar nicht auf eine Beziehung ein und bleibst an der Oberfläche oder Du lässt Dich ein, doch kontrollierst fortan mithilfe aller erdenklichen Maßnahmen den jeweils Anderen, weil Du trotz des Wunsches nach Vertrauen eben jenes nicht verspüren kannst, geschweige denn zu „Leben" bereit bist. Im ersten Fall werden Beziehungen, sofern man sie überhaupt als solche bezeichnen kann, lediglich an der Oberfläche geführt, sind austauschbar und von geringer emotionaler Zuneigung geprägt. Das heißt, dass man sich nicht wirklich auf die Partnerschaft einlässt, weil man ahnt, das damit ganz automatisch ein gewisses Risiko verbunden ist. Dieses Risiko erscheint aus Sicht des Ängstlichen jedoch unglaublich hoch, ja existenziell bedrohlich zu sein und wird in Folge immer wieder vermieden. Indem man sich erst gar nicht auf eine Beziehung einlässt, kann man eben auch nicht enttäuscht werden,- so die innere Rechnung. In der Tat ist es so, dass man sich mit dem Einlassen auf eine Beziehung auch verletzlich macht und ein entsprechendes Risiko eingeht. Ganz automatisch, denn man könnte unter Berücksichtigung der Tatsache, dass man die Zukunft einfach nicht vorhersehen kann, ja tatsächlich wieder einmal enttäuscht werden. Wir wissen also schlichtweg nicht, ob eine eingegangene Bindung auch in Zukunft noch Bestand hat, die Liebe nach vielen Jahren noch immer genauso groß wie am Anfang ist oder wir einmal mehr im gefühlten Regen stehen werden. Wir können die Zukunft nicht vorhersagen, doch würden dies in einer solchen Situation nur allzu gerne tun. Indem wir uns nicht einlassen und an der Oberfläche bleiben, versuchen wir also der Gefahr des Verlustes oder der erneuten Enttäuschung zu entrinnen, indem wir auf das Risiko „Partnerschaft" erst gar nicht eingehen. Wir versuchen, uns abzusichern gegenüber einer bereits erwarteten Situation, von der wir noch nicht einmal wissen, ob sie überhaupt jemals eintreten wird. Nachvollziehbar, doch genauso falsch und destruktiv, denn wir werden damit nicht das erreichen, wonach wir uns in Wirklichkeit sehnen, sondern genau das Gegenteil. Es ist der Versuch, Lebensrisiken prophylaktisch ausschließen zu wollen, obgleich es kein Leben ohne Risiken gibt. Jedenfalls keins, was Spaß macht. Eine Versicherung, die Risiken absichern soll, die nicht absicherbar sind. Philosophisch betrachtet ist das Leben an sich schon ein Risiko und wir sind ohnehin nur bemüht darum, den eigenen Tod möglichst weit hinaus zu zögern. Wir geraten also zwangsläufig in Konflikt, denn es gibt kein risikofreies Leben und der Verzicht auf das Eingehen einer Beziehung bedeutet eben nicht, dass auch unsere inneren Bedürfnisse, wie zum Beispiel das Bedürfnis nach Partnerschaft, Bindung, Zugehörigkeit oder Familie dadurch einfach überflüssig geworden sind. Im Gegenteil. Der Wunsch nach vertrauensvoller Bindung ist tief verwurzelt und entspricht unserer Natur. Der Weg des Schutzes durch „Nichteinlassen" ist ein Weg der Vermeidung und damit Futter für die Angst. Sonst nichts. Er erreicht nicht das, was Dir Deine Bedürfnisse suggerieren. Du bedienst damit lediglich die Zweifel. Ja, du hast richtig gehört. Du fütterst damit lediglich Deine Angst, während Du gleichzeitig Deine wahren Bedürfnisse mit Füßen trittst. Dies ist ungefähr so, als ob Du andauernd zu irgendetwas „Ja" sagst, obwohl Du „Nein" meinst. Du kannst Dir sicherlich vorstellen, wohin Dich das führt. Es führt Dich zum Gegenteil von dem, was Du erreichen willst. Es verstärkt sogar noch Deine Eifersucht und alle damit verbundenen Gefühle. Es ist ungefähr so, als ob Du nach Mallorca reisen willst, aber Dich nicht traust, in den Flieger zu steigen. Vielleicht gehst Du noch bis zum Flughafen, aber kurz davor drehst Du um. Und was bedeutet das? Ganz klar,- Du wirst das, was Du eigentlich erleben willst, eben nicht erleben, weil Du Angst hast, es nicht zu schaffen. Das Risiko und die damit verbundene Gefahr erscheint Dir zu groß. So gehst Du wieder nach Hause und fragst Dich spätestens dort, was da eigentlich passiert ist. Du fängst an, Dich zu ärgern, denn Du spürst, dass Du diese Reise an sich unbedingt erleben wolltest. Doch nun erlebst Du sie nicht, genauso wie Du die vielen angenehmen Seiten einer vertrauensvollen Beziehung durch Vermeidung nie erleben wirst und spürst, wie ein Gefühl des Ärgers sowie der Enttäuschung gegenüber Dir selbst entsteht. Spätestens jetzt bist du im tiefen Konflikt. Im Konflikt mit Dir selbst und dem, was Du wieder einmal verpasst passt. Du spürst den Preis, den Dich diese Schutzmaßnahmen kosten. Möglicherweise stürzt Du Dich spätestens an dieser Stelle in die Arbeit oder versuchst, Deinen Frust durch noch mehr Sport oder sonstige Ablenkungen zu vertreiben. Du willst etwas erleben, was Du Dir jedoch aus Angst nicht zu erleben gönnst und manövrierst Dich so nach und nach immer tiefer in eine Frustration hinein, aus der Du immer schwerer hinaus findest. Und wozu das Ganze? Ganz genau,- für eine Sicherheit, die es ohnehin nicht gibt und auch niemals geben wird. Für eine Illusion der Sicherheit sozusagen. Heißt konkret: All Deine Maßnahmen zur Vermeidung des ohnehin nicht vermeidbaren Risikos führen dazu, dass Du die Dinge, die Du erleben willst, niemals erleben wirst. Du agierst nicht, sondern vermeidest. Du lebst nicht, sondern versuchst Dich zu versichern. Du möchtest Garantien, doch die gibt es nicht! Hand auf's Herz: Hast Du damit bisher irgendetwas gewonnen? Konntest Du Dich wirklich schützen? Oder erscheint Dir der zu zahlende Preis für einen Schutz, der keiner ist, mittlerweile zu hoch? Wahrscheinlich wird Dir an dieser Stelle bewusst, dass es den von Dir angestrebten Schutz in Wahrheit nicht gibt. Jedenfalls nicht auf diese Art und Weise. Dahinter steckt letztendlich das bereits angesprochene Bedürfnis nach Sicherheit, doch diese Sicherheit wirst Du auf diesem Weg nicht erreichen. Welche Wege tatsächlich zu innerer Sicherheit und Gelassenheit führen, werde ich Dir im Verlauf dieses Buches noch eingehend beschreiben. Denn, so viel sei bereits gesagt,- es gibt sie! Genauso, wie es wirksame Wege aus Deiner Angst gibt.

Doch widmen wir uns zunächst der zweiten Variante. Der Möglichkeit des Einlassens und Berücksichtigung von Kontrollmaßnahmen. Heißt, Du lässt Dich auf eine Beziehung ein, jedoch zu Deinen eigenen Bedingungen. Um die gewünschte Sicherheit zu gewährleisten, fängst Du an zu kontrollieren und hinterfragst im schlimmsten Fall jeden einzelnen Schritt Deines Partners beziehungsweise Deiner Partnerin. Du gerätst unter Druck, in nervtötende Grübelschleifen und befindest Dich womöglich in ständiger Sorge darüber, was Dein Partner gerade macht. Selbst Erklärungen des Anderen besänftigen Dich nicht, denn tief im Inneren glaubst Du mitunter kein Wort von dem, was da gesagt wird. Du erfindest Deine eigene, innere Geschichte, malst Dir Horrorszenarien aus und siehst Deinen Partner in Gedanken schon im Bett der Anderen, obwohl dieser in Wirklichkeit womöglich voller Sehnsucht nach Deiner wahren Liebe neben Dir auf dem Sofa liegt. So forderst Du immer verstärkter Rechenschaft ein und verbietest mehr und mehr Freiheiten. Dabei ist der Fantasie kaum eine Grenze gesetzt. Neben der Kontrolle des Handys sowie der Emails können Maßnahmen bis hin zum Anbringen von elektronischen Wanzen oder dem Beauftragen einer Detektei erfolgen. Immer wieder erlebe ich in meiner Praxis solch tiefgreifende Manipulationen innerhalb der Partnerschaft.

Spätestens an diesem Punkt bist Du in einer inneren Überzeugung gefangen, die mit der Wirklichkeit in den seltensten Fällen kaum noch etwas zu tun hat und sich bereits fernab jeglicher Realität bewegt. Ich will nicht verheimlichen, dass es auch so etwas wie „Begründete Eifersucht" gibt. Nachvollziehbare Situationen, die sich auf Grundlage von Tatsachen ergeben haben. Diese können natürlich berechtigte Zweifel nach sich ziehen. Wenn zum Beispiel eine Affäre im Spiel war oder der Eine den Anderen bewusst hintergeht, kann im Regelfall kaum erwartet werden, dass sich der Betroffene völlig relaxt verhält und so tut, als wenn nichts gewesen wäre. Doch ob Du es glaubst oder nicht,- selbst dann wäre es die falsche Entscheidung, von nun an den Versuch zu unternehmen, nur noch durch Kontrollmaßnahmen zusammen bleiben zu wollen. Auch dies würde nicht funktionieren.

In diesen oder ähnlichen Situationen wären folgende Fragestellungen wesentlich zielführender:

1. Bin ich bereit, mit meinem Partner / meiner Partnerin auch weiterhin „bedingungslos" zusammenzubleiben, obwohl dies so passiert ist?
2. Bin ich bereit, zu verzeihen und wieder zu vertrauen?

3. Bin ich bereit für einen Neubeginn ohne Kontrollmaßnahmen?
4. Bin ich bereit, meine Partnerin/meinen Partner auch weiterhin so zu akzeptieren, wie er ist und nicht, wie ich ihn gerne hätte?
5. Bin ich bereit, auch die veränderten Bedingungen und Erfahrungen so zu akzeptieren, wie sie sind?

Du siehst, selbst im Fall konkreter Ereignisse, also grundsätzlich begründeter Eifersucht, wäre es fatal, dieser zu verfallen und die Beziehung fortan nur noch unter kontrollierenden Bedingungen zu führen. Dies würde genauso schiefgehen, wie jede andere Beziehung unter dem Einfluss der Kontrolle scheitert. Wenn Du also die oben genannten Fragen mit „Nein" beantworten würdest, dann solltest Du Dich lieber trennen. Festzuhalten hätte da kaum mehr einen Sinn. Stell Dir in einer solchen Situation also besser die genannten Fragen und versuche, diese so ehrlich wie möglich zu beantworten. Nur wenn es Dir gelingt, diese Fragen mit einem klaren „Ja" zu beantworten, wirst Du auch einen guten Neustart mit Deiner bisherigen Beziehung hinbekommen. Es bringt Dir nichts, das „Fass" immer wieder aufzumachen und den Versuch zu unternehmen, Deinen Partner in Schuldgefühlen zu halten, nur um ihn damit in destruktiver Art und Weise weiterhin an Dich binden zu wollen. Das wäre keine gesunde Beziehung und der Betroffene würde sich ohnehin früher oder später erneut daraus befreien wollen.

Doch kommen wir zurück zu den ungerechtfertigten Eifersuchtsszenen sowie den damit verbundenen Kontrollmaßnahmen ohne erkennbaren Grund. Maßnahmen, die sich einfach einschleichen, ohne dass es dafür einen äußerlich erkennbaren Anlass gäbe. Also Situationen, in denen es keinen Anlass zur begründeten Eifersucht gibt, diese sich jedoch trotzdem zeigt. Wir haben gesehen, dass der Fantasie in Hinblick auf die Kontrolle im Rahmen der Angst keine wirklichen Grenzen gesetzt sind, doch spüre an dieser Stelle doch einmal selbst in Dich hinein: Hast Du die Sicherheit, die Du suchst, durch diese Maßnahmen bereits gefunden? Fühlst Du Dich wirklich gut dabei? Erscheint Dir das Problem damit wirklich gelöst? Mitnichten, wirst Du an dieser Stelle wahrscheinlich einwenden. Und Du hast Recht. Alle Maßnahmen, die Du auf diese oder ähnliche Art und Weise ergreifst, bewirkt nur eins: Trennung und Einsamkeit! Es ist nur eine Frage der Zeit, wann sich auch der geduldigste Partner seiner eigenen Grenze gegenübersieht und aus dem Korsett der Kontrolle zu befreien versucht. All diese Kontrollmaßnahmen gleichen nämlich einem Freiheitsentzug, aus dem sich der Betroffene früher oder später befreien wird. Frage Dich an dieser Stelle doch einmal selbst: Hättest Du es selbst gerne, wenn Dein Partner Dich auf diese Art und Weise kontrolliert? Wie wäre es für Dich, wenn Dein Partner ständig an Dir zweifelt, Dir kein Wort glaubt und entgegen Deinen Beteuerungen ununterbrochen nachhakt? Wie würdest Du Dich fühlen, wenn Du nicht verstanden wirst, Misstrauen erfährst und Dich Dein Partner mit Drohungen erpresst? Wünscht Du Dir nicht auch viel eher Vertrauen und Verständnis für all die Dinge, die für Dich selbst wichtig sind?

Du siehst, beide Varianten haben nichts mit einer gesunden, wohltuenden oder kraft spendenden Partner-

schaft zu tun. Sie sind vielmehr gekennzeichnet von einem „Brauchen" des Anderen, fernab wahrer Liebe. Eifersucht hat jedoch rein gar nichts mit Liebe zu tun. Im Gegenteil. Sie entsteht durch eine ganz eigene Angst, die Du zu besänftigen versuchst, indem Du den Anderen in Besitz nehmen möchtest. Sie dient also lediglich dem Versuch, die dahinter liegende Angst zu reduzieren. Nennst Du das wirklich Liebe? Selbst wenn Du noch geneigt sein könntest, an dieser Stelle mit „Ja" zu antworten, so möchte ich Dir höflich, aber direkt widersprechen. Eifersucht hat garantiert nichts mit Liebe zu tun! Wahre Liebe lässt dem Anderen den Freiraum, den er braucht. Sie schreibt nicht vor und kontrolliert nicht. Sie ist von Vertrauen, ja wirklichem Vertrauen geprägt und nicht durch moralische Regelwerke durchdrungen. Doch Du versuchst, Deinen Partner in Besitz zu nehmen, denn aus Deiner Logik heraus, kannst Du das, was Du besitzt, ja nicht mehr verlieren. Jedenfalls dann nicht, wenn Du intensiv genug darauf aufpasst. Doch kein anderer Mensch ist Dein Besitz! Niemand gehört dem Anderen, auch wenn dieser Hinweis in so manchen tief romantischen Filmen gerne zelebriert wird. Du bist mit einem Menschen zusammen, der im besten Falle freiwillig und gerne mit Dir zusammen ist. Nicht weil er muss oder zu irgendetwas gezwungen wird, sondern weil er es einfach will. Ist das bei Dir etwa anders? Bist Du selbst gezwungen, mit Deinem Partner zusammen zu sein oder willst Du einfach Dein Leben mit ihm verbringen, weil Du Dich gut dabei fühlst?
So gut wie kein Mensch lässt sich gerne in Besitzt nehmen. Es wäre auch keine gesunde Basis für eine glückliche Beziehung. Mir ist durchaus klar, dass es auch solche Beziehungen gibt, doch sind diese letztendlich

auch oft Patienten in meiner Praxis.

Die Angst vor Gesichtsverlust

Ein weiterer Grund für Deine Eifersucht ist besonders interessant und im Normalfall weder bewusst, noch gleich erkennbar. Es ist die Angst vor Gesichtsverlust! Die Angst, das eigene Gesicht auf Grundlage Deiner eigenen Moralvorstellungen gegenüber der Außenwelt verlieren zu können. Sicherlich ist dies ein Bereich, über den die wenigsten Menschen nachdenken, geschweige denn auch nur im Ansatz darauf kommen würden. Er ist schwerer erkennbar und daher auch nicht sofort verständlich. Um das Ganze jedoch trotzdem verstehen zu können, gehe doch bitte zunächst einmal den gleich folgenden Fragen nach. Spüre an dieser Stelle einmal in Dich hinein und denke über Dein bisheriges Leben nach. Was hast Du erlebt? Was hast Du auf Grundlage Deiner Bedürfnisse bereits gelebt und erfahren? Welche moralischen Vorstellungen hast Du gegenüber Dir selbst und nach außen bisher vertreten? Woher kommen Deine moralischen Vorstellungen? Bist Du stets mit einem guten Gefühl anständig und treu gewesen oder hast eher in einer Art „Kompromiss" gelebt und in Wahrheit Einiges vermisst? Verurteilst Du andere Menschen in Hinblick auf deren, vielleicht leichtfüßigeren Lebensstil? Hast Du den Eindruck, doch „Vieles" verpasst oder noch nicht gelebt zu haben? Nun, wenn auch nur einige dieser Fragen auf Dich zutreffen sollten, dann könntest Du geneigt sein, Deine bisher gelebten Vorstellungen nicht nur gegenüber Dir selbst verteidigen zu wollen, sondern jene Vorstellungen auch gegenüber einer Außenwelt zu vertreten, die in vieler Hinsicht anders denkt als Du selbst. Heißt, Du hast Dir bisher möglicherweise vieles verboten, während es Andere gelebt haben. Das machst Dich vielleicht wütend oder Du bist enttäuscht. Um Dein eigenes Gesicht wahren zu können gehst Du jetzt in eine passiv-ablehnende Haltung gegenüber allen Menschen, die sich das gönnen, was Du Dir selbst verboten hast. Du verurteilst etwas, weil Du glaubst, selbst etwas verpasst zu haben und beziehst Dich auf eine Moral, die Dich bisher nur selbst blockiert hat. Kurzum, Du überträgst Deinen Frust auf Deinen Partner und auf alle anderen, die das leben, was Du selbst vermieden hast. Sei einmal radikal ehrlich zu Dir selbst. Hast womöglich Angst, Dir einzugestehen, dass Du Dir in der Vergangenheit Einiges selbst verboten hast? Vielleicht weil Du dachtest, dass es sich nicht gehört und man das Eine oder Andere einfach nicht macht? Hast Du Dir womöglich einfach zu viel untersagt und bist jetzt sauer über Dich selbst? Und weil Du Dir nicht wirklich eingestehen willst, dass Du womöglich falsch lagst, fällt es natürlich auch schwer, hier einfach umzudenken. Verständlich. Mach Dir jedoch eins klar: Du wärst nicht an dieser Stelle und würdest nicht so sehr unter der aktuellen Situation leiden, wenn Du mit Dir selbst zufrieden wärst und das Gefühl hättest, alles richtig gemacht, beziehungsweise alles erlebt zu haben. In Wahrheit spürst Du das Defizit. Die Diskrepanz zwischen dem, was Du willst und dem, was Du machst. Den Konflikt! Und wie versuchst Du diesen Konflikt zu lösen? Indem Du stur an Deinen Vorstellungen festhältst, sie sogar anderen aufzudrücken versuchst, jedoch nicht bereit bist auf das zu schauen, was wirklich verändert werden müsste,- nämlich Deine eigene Einstellung. Deine Einstellung zu Dir selbst und die, gegenüber Deines eigenen Verhaltens. Grundsätzlich gilt: Wenn Du etwas verändern willst, dann musst Du auch bereit sein, etwas zu verändern. Wenn Du am bisherigen Weg festhältst, jedoch gleichzeitig erwartest, dass sich etwas verändert, dann ist dies ungefähr genauso, als ob 1 und 1 plötzlich 3 wäre. Wie soll das funktionieren? Und wenn Deine bisherigen Überzeugungen so vollkommen richtig wären, würdest Du jetzt nicht leiden. So einfach ist das. Natürlich kannst Du Dich jederzeit dafür entscheiden, nichts zu verändern. Es ist auch Dein Recht, alle bisherigen Moralvorstellungen weiter zu vertreten und zu verteidigen. Doch verbessern wird sich an Deiner Lage so nichts. Solltest Du jedoch bereit sein, umzudenken, um zu wirklicher Freiheit und wahrem Lebensglück finden zu können, dann möchte ich Dich einladen, dranzubleiben und dieses Buch weiter zu lesen. Alles was Du tun kannst, um es Dir rasch besser gehen zu lassen, werde ich Dir entsprechend erläutern. Erlaube Dir am besten jetzt schon einmal den Gedanke, wie es für Dich wäre, sobald die Probleme gelöst sind und Du Dich wesentlich besser fühlen würdest. Lass am besten schon einmal ein inneres Bild entstehen und spüre nach, wie es für Dich ist, ohne die Eifersucht zu leben. Dies ist wichtig, damit Du dir zunächst einmal vorstellen kannst, weshalb Du das hier eigentlich machst.

<u>Führe daher die folgende Übung durch:</u>

> Nimm eine für Dich bequeme Haltung ein,
> schließe die Augen und lenke Deine Aufmerk-
> samkeit nach innen. Stell Dir dabei einfach so
> bildhaft wie nur möglich vor, wie es für Dich
> sein wird, sobald die Probleme gelöst sind.
> Fühle dabei in dich hinein und nimm wahr, wie
> es Dir geht. Nimm auch war, was anders ist als
> bisher. Fühle den Unterschied und mach Dir
> von allem, was für Dich angenehm ist eine
> mentale, innere Notiz!

Die Angst vor dem Vergleich

Wenn es nach den Meinungen einiger Fachkollegen
geht, ist die Eifersucht eigentlich nur die Angst vor dem
jeweiligen Vergleich. Also die Angst vor dem Vergleich
mit Anderen. Wenn ein Mann beispielsweise auf seine
Frau eifersüchtig reagiert, sobald diese sich mit einem
anderen Mann unterhält, dann fühlt er sich diesem
Mann unbewusst unterlegen und schätzt den eigenen
Wert im Vergleich deutlich geringer ein als er in Wirklichkeit ist. Nimm einmal wahr, wie das bei Dir selbst
ist und erinnere Dich an die letzte Situation, in der Du
Deine Eifersucht deutlich spürtest. Vielleicht warst Du
ja mit einer ähnlichen Situationen konfrontiert oder hast
Dir mindestens in Gedanken vorgestellt, wie es wäre,
wenn Deine Partnerin oder Dein Partner sich mit einem

anderen Menschen unterhält, den Du selbst als potenti-
elle Gefahr ansiehst. Was nimmst Du in diesen Momenten war und worauf bezieht sich Deine Angst wirklich?
Und vor allem: Wie denkst Du in solchen Momenten
über Dich selbst? Du glaubst vielleicht, dass vom jeweils Anderen oder der jeweiligen Situation tatsächlich
eine Gefahr ausgeht, doch in Wahrheit entsteht die Gefahr nur in Deinem Kopf. Und weshalb glaubst Du solche Dinge? Die Wahrheit ist, dass Du Dich in diesen
Momenten für unterlegen hältst, Deinen eigenen Wert
viel zu gering einschätzt und Dir einfach nicht vorstellen kannst, dass Dich Dein Partner oder Deine Partnerin
Deiner selbst wegen liebt sowie sich einfach nur für
Dich entschieden hat. Du glaubst insgeheim, dass der
Andere besser sein könnte und zweifelst an Deiner eigenen Persönlichkeit. Du schätzt womöglich den
Marktwert des Anderen für wesentlich höher ein und
gibst damit nicht nur dem Anderen die Macht, sondern
gleichzeitig Dir selbst die Ohnmacht. Nun stehst Du
hilflos da, mit einem Blick, der töten könnte, denn ansehen soll man Dir die Angst ja schließlich nicht. Du
versuchst, cool zu bleiben, obwohl Du bereits am ver-
zweifeln bist und versuchst Deinen Partner die Verantwortung zuzuschieben sowie Schuldgefühle auszulösen. Vehement verteidigst Du Deine Position, ohne
auch nur im geringsten darüber nachzudenken, was an
Deiner eigenen Denkweise falsch sein könnte. Doch
mach Dir bewusst, dass es nicht der Andere ist, der das
Problem darstellt, sondern Deine viel zu geringe Wert-
schätzung Dir selbst gegenüber. Wenn Du wirklich
überzeugt von Dir wärst, würdest Du wissen, dass derjenige, der Dich nicht will, Dich auch nicht verdient
hätte. Du würdest Deinen eigenen Wert über die Ein-

flüsse im Außen stellen. Du wärst unabhängig!
Wir alle haben, nüchtern betrachtet, jederzeit die Option einen anderen Partner zu wählen. Doch wann machen wir von derartigen Optionen Gebrauch? Doch nur dann, wenn es uns innerhalb der eigenen Beziehung wirklich schlecht geht, wir uns unwohl oder unfrei fühlen. Wenn wir uns kontrolliert und gegängelt sehen, aber nicht, wenn es uns gut geht. Merke Dir also Folgendes: Übertriebene Eifersucht zerstört so gut wie jede Beziehung und führt zu Einsamkeit. Am Ende sitzt Du da, im eigenen Groll, und siehst Dich im schlimmsten Fall auch noch bestätigt in Deinen negativen Überzeugungen. Jenen Überzeugungen, die Dich in Wahrheit lediglich abhalten, dass zu erleben, was Du Dir im Innern wünscht. Ich bin sicher, dass Du das nicht länger zulassen möchtest, stimmts?

Das Gesetzt der Resonanz

Dies bedeutet, das Ähnliches etwas Ähnliches anzieht. Vielleicht kennst Du das auch,- Du hast einen miesen Tag hinter Dir und bist nicht besonders gut drauf. Du bist davon überzeugt, dass alle Menschen irgendwie negativ sind und kannst an das Gute nicht mehr recht glauben. Und was passiert in solchen Momenten? Richtig, Du erlebst tatsächlich alle Menschen unfreundlich und abweisend, denn Du konzentrierst Dich unbewusst bereits darauf, gar nichts anderes mehr zulassen zu können. Man könnte sagen, Du ziehst mit Deiner Überzeugung sogar das Unheil magisch an, denn Deine Gedanken sind regelrecht fixiert. Dies ist ungefähr so, als ob Du an der Börse investieren willst, jedoch ohnehin den Verlust erwartest und setzt wie automatisch auf die Niete. Überträgt man das Ganze auf Deine partnerschaftliche Situationen, dann verhält es sich ganz ähnlich. Du gehst bereits von einer negativen Verhaltensweise Deines Umfeldes, als auch Deines Partners aus und sendest unbewusst die entsprechenden Signale. Ganz so, als ob Du die erwartete Reaktion des Anderen bereits in Auftrag gibst. Und so gehst Du mit ängstlichem, vielleicht verbittert wirkendem Blick umher, von Eifersucht, Verlustangst sowie der Furcht vor dem Vergleich getrieben und erwartest jedoch, dass sich Dein Partner Dir gleichwohl um den Hals wirft. Na prima. Wie soll das denn gehen? Würdest Du das im umgekehrten Fall eigentlich selbst tun? Das Einzige, was beim Partner wirklich ankommt ist eine Mischung aus Unzufriedenheit, geringem Selbstwert und Kontrollzwang. Wie sollst Du gute Laune erfahren, wenn Du schlechte verbreitest? Ähnliches führt zu Ähnlichem. Ganz so, wie Ähnliches im homöopathischen Sinne das Ähnliche heilt. Erst, wenn Du den Anderen so behandelst, wie Du selbst behandelt werden möchtest, wird sich der Andere auch so verhalten, wie Du es Dir wünscht. Erst, wenn Du etwas hineingibst, also etwas investierst, bekommst Du etwas zurück. Ganz so, wie in unserem Börsen-Beispiel. Wenn Du Gewinne erwartest, jedoch nicht bereit bist, etwas zu investieren, kann auch nichts kommen. So einfach ist das. Wenn Du also im umgekehrten Fall und insbesondere gegenüber Deinem Partner oder Partnerin mit Liebe reagierst, also Liebe hineinbringst, Vertrauen schenkst und von positiven Absichten ausgehst, so wirst Du das Gleiche ernten. Bringst Du dagegen Kontrolle und Misstrauen ein, so erntest Du, im besten Fall noch zeitverzögert, das Gleiche.

Im Verlauf dieses Buches werde ich Dir immer wieder Gelegenheit geben, Deine eigenen Ideen zu notieren. Bitte führe diese Übungen auf jeden Fall aus, denn es ist enorm wichtig, dass Du Dir auf Grundlage der neu gewonnenen Erkenntnisse Deine eigenen Gedanken machst. Nur so kann sich etwas verändern. Es reicht, wenn Du Deine Antworten dabei stichwortartig festhältst. Es ist also keineswegs ein besonders großer Umfang erforderlich. Wichtig ist, dass Du beginnst, Dich mit den für Dich denkbaren Veränderungen zu beschäftigen und Deine Ideen im Anschluss praktisch umzusetzen beginnst. Übung macht ja bekanntlich den Meister und nicht das Erhoffen von Veränderungen, ohne selbst etwas zu verändern. Wenn wir also wissen, dass Ähnliches zu Ähnlichem führt und dass Du etwas investieren musst, bevor Du ernten kannst, dann möchte ich Dich bitten, an dieser Stelle schon einmal mit Deinen eigenen Gedanken zu beginnen:

Welche Veränderungen kann ich mir vorstellen? Was kann meine Investition sein?

_____

_____

_____

_____

_____

Welche praktischen Schritte werde ich gehen?

_____

_____

_____

_____

_____

Die Illusion der Rettung

Vielleicht kennst Du auch die wunderbar klingenden Sätze aus dem ein oder anderen Liebesfilm. Sätze wie: „Darling, mach mich glücklich" oder „Nur durch Dich finde ich mein wahres Glück" hören sich zwar hübsch und in Teilen zutiefst romantisch an, können jedoch falscher kaum sein. Niemand, der nicht selbst glücklich ist, wird es allein durch Anwesenheit des Anderen werden. Im Gegenteil. Die Tatsache, dass Du eifersüchtig beziehungsweise ängstlich in Hinblick des gefürchteten Verlustes reagieren musst, zeigt allein schon auf, dass Du es, isoliert betrachtet, selbst nicht bist. Und jetzt erwartest Du vom Anderen, dass er Dein eigenes Defizit auffüllt und Dich mit unabdingbarer Treue sowie unerschütterlicher Hingabe umsorgt. Der Partner soll Dich jetzt einfach retten. Retten vor dem, was Dich innerlich bewegt und mitunter tief verletzt hat. Doch in Wahrheit unterstützt er damit nur einmal mehr Deine mangelnde Bereitschaft, für Dich selbst zu sorgen und die notwendigen Veränderungen anzugehen. Dein Partner soll Dich glücklich machen und deshalb einfach alles für

Dich tun. Am besten sich stets so verhalten, wie Du glaubst, es zu brauchen. Doch denkst Du wirklich, es ist die Aufgabe Deines Partners, Dich in irgendeiner Form zu retten oder gar für Dein ureigenes Lebensglück zu sorgen? Abgesehen davon, dass diese grundsätzliche Idee ja nicht unverständlich ist,- würde sie Dich doch vor so manch eigenen Schritten bewahren,- so ist sie in Wahrheit jedoch nichts als blanke Illusion, denn niemand kann dem Anderen einfach so die Probleme abnehmen. Du glaubst, so etwas sei die Aufgabe des Partners? Ich kann Dir sagen,-Nein, das ist sie garantiert nicht. Und selbst, wenn Dein Partner oder Deine Partnerin dies sogar versuchen würde, so müssten sie letztendlich scheitern. Dies kann nämlich weder gelingen, noch ist es die Aufgabe und schon gar nicht die Verantwortung des Anderen. Wenn Du also auf Rettung von außen hoffst, dann kannst Du womöglich lange warten. Bedenke, dass Du nicht an dieser Stelle wärst und dieses Buch lesen würdest, wenn diese Vorgehensweise auch nur annähernd geklappt hätte. Insofern Du Dich in Deiner Partnerschaft wohlfühlen willst, musst du zunächst einmal dafür sorgen, dass es Dir selbst gut geht. Finde heraus, was Dir selbst wichtig ist und beginn damit, Deine Vorstellungen Schritt für Schritt in die Tat umzusetzen. Niemand Anderer wird und kann das für Dich tun. Bedenke auch, dass letztendlich alles, was Du tust, grundsätzlich Deine eigene Entscheidung ist. Auch wenn Du Dich dafür entscheidest, Dein Glück vom Anderen auch weiterhin zu erhoffen, triffst Du damit eine eigene Entscheidung, nämlich die, Dein eigenes Wohlergehen eben auch weiterhin passiv abwartend von außen zu erwarten. Man könnte provokant sagen: Ok, wenn Du meinst, dass es Dir dadurch wirklich besser geht? Doch tief in Deinem Herzen spürst Du wahrscheinlich sehr genau, dass es nicht die richtige Entscheidung sein könnte. Jedenfalls nicht die, die Dir die Verbesserung beschert, nach der Du Dich am meisten sehnst. Auch wenn Du es nicht gerne hörst, aber erwachsen zu sein, bedeutet im Kern eben auch allein zu sein. Allein im Sinne der Eigenverantwortung, nicht im Sinne von Einsamkeit. Ich möchte dich daher einladen, diese Verantwortung zu übernehmen. Das mag vielleicht zu Beginn nicht ganz einfach sein, aber wo steht geschrieben, das der einfache Weg immer der Richtige und der herausfordernde Weg der Falsche ist? Manchmal ist es einfach besser, Herausforderungen anzunehmen und eigene Wege zu beschreiten, auch wenn es nicht immer einfach oder in Teilen sogar relativ schwierig ist. Einfach deshalb, weil es richtig ist! Zusammengefasst heißt das: Erhoffe nicht, in irgendeiner Form durch den Partner oder Andere „gerettet" zu werden, sondern rette Dich selbst. Finde heraus, was Du selbst wirklich willst und was Dich glücklich macht. Arbeite an Deinen Zielen. Beantworte dazu die folgenden Fragen wiederum mindestens stichwortartig:

Wenn meine Probleme gelöst wären und ich glücklich bin,- wie sieht mein Leben dann aus und was mache ich in dieser Vorstellung anders als bisher?

_____

_____

_____

_____

Welche praktischen Schritte zur Veränderung kann ich mir vorstellen, um mein Glück nicht mehr nur vom Anderen abhängig zu machen?

_____

_____

_____

_____

_____

Verändere Deine eigene Story

Wahrscheinlich kennst Du das: Du machst Dir so gut wie täglich viele Gedanken über Gott und die Welt und glaubst daran, dass Du selbst und Deine eigene Persönlichkeit auf Grundlage Deiner Lebenserfahrungen eben so ist, wie sie ist. Du bist womöglich davon überzeugt, dass gewisse Eigenschaften und Sichtweisen schon immer so waren wie sie waren und Du infolgedessen auch nichts daran ändern könntest. Gegebenenfalls denkst Du sogar, dass Du einfach eine miese Kindheit erlebt hattest oder durch sonstige äußere Umstände in der Vergangenheit sowie den daraus resultierenden Erfahrungen nunmehr den Dingen alternativlos ausgeliefert bist und somit kein entspannterer Weg mehr möglich wäre. Vielleicht suggerierst Du Dir ununterbrochen ein, dass Du angewiesen und abhängig bist, weil Du eben so bist wie Du bist und an diesem Zustand nichts ändern könntest. Das Du einfach so erzogen wurdest und jetzt Opfer der Gesamtumstände seist. Doch stimmt das wirklich? Zwei Sätze höre ich im Rahmen der Therapie dabei immer wieder. Der erste Satz lautet: „Ach wissen Sie, das war schon immer so"! Der zweite Satz klingt ähnlich: „Ach wissen Sie,- das habe ich bisher noch nie anders gemacht"! Beide Sätze bedeuten psychologisch übersetzt: „Ich möchte in Wahrheit nichts verändern und alles soll so bleiben wie es ist!" Es kann ja durchaus sein, dass Du gewisse Abläufe schon immer so gemacht hast wie bisher und noch nie auf den Gedanken gekommen bist, daran irgendetwas verändern zu können. In Wahrheit ist es jedoch eher die Angst vor Veränderungen, die Menschen bewegt, alles so beibehalten zu wollen, wie es bisher gewesen ist. Ganz gleich, wie hoch auch immer die an sich hohe Belastung aktuell sein mag. All das hat in Hinblick des Wohlbefindens natürlich seinen Preis, doch erscheint es häufig erstrebenswerter zu sein, diesen hohen Preis zu bezahlen, als irgendetwas zu verändern. Der Grund ist Angst. Schau an dieser Stelle einmal genau hin, welche Geschichte Du Dir über Dich selbst immer wieder erzählst und von welchen Überzeugungen Du ausgehst. Nimm Dir dazu ein wenig Zeit, denn dies ist ein Bereich, über den Du Dir bisher wahrscheinlich wenig Gedanken gemacht hast. Oft sind Menschen zutiefst überzeugt von dem, was sie glauben, dass infolgedessen kaum mehr kritisch hinterfragt wird. Doch sind in Wahrheit wir selbst es, die die eigene Geschichte schreiben. Wir konstruieren im psychologischen Sinne unsere Wirklichkeit, die bei genauerer Betrachtung eben nur Ergebnis unseres eigenen, gedanklichen Konstruktes ist. Heißt, wir denken uns auf Grundlage unserer Erfahrungen etwas aus, wovon wir glauben, dass es richtig sei und erlauben uns nicht mehr den Blick auf das, was alternativ sinnvoller wäre beziehungsweise ebenfalls möglich ist. Wir tauchen ein in Überzeugungen, die kaum mehr in Frage gestellt, geschweige denn verändert werden könnten und weisen jetzt den Anderen an, sich jenen Überzeugungen anzuschließen. Das bedeutet, dass Du ständig geneigt bist, Deinem Partner Deine eigene Überzeugung auf Grundlage Deiner eigenen Story in der Hoffnung aufdrücken zu wollen, dass dieser sie entsprechend übernimmt und als einzige Wahrheit anerkennt. Doch das Einzige, was damit wirklich passiert, ist, dass Du Deine bestehenden Überzeugungen zusätzlich zementierst und Dir damit erst recht keine alternativen, und damit keine heilsameren Gedankengänge mehr erlauben kannst. Du hältst an Deiner eigenen Geschichte fest und klammerst Dich an die Hoffnung, dass diese Story möglichst kritiklos vom Partner übernommen wird. Ohne zu hinterfragen, ob Dein Partner dies genauso will und ob Euch dies überhaupt helfen würde.

Ich möchte Dich daher dazu einladen, Deine eigene Geschichte neu zu überdenken. So wie jedes Ding bekanntlich zwei Seiten hat, kannst Du Dir auch einmal erlauben, Deine eigene Vergangenheit nicht nur auf Grundlage beschwerlicher Ereignisse zu sehen, sondern zusätzlich auf das zu schauen, was eben auch da war. Auf die praktischen Fähigkeiten beispielsweise, die Du erworben hast, gerade durch die Erfahrungen in schwierigen Lebensphasen. Oder die Ressourcen, die jetzt Du einsetzen könntest, da Du diese gerade durch solch herausfordernde Situationen eben auch erlernt hast. Ebenso könntest Du Dir einen Blick hinter so manche Kulissen erlauben, also in Erfahrung bringen, was den einen oder anderen Menschen, einschließlich Deiner Bezugspersonen in der Vergangenheit veranlasst haben könnte, so vorzugehen, wie diese eben vorgegangen sind. Du könntest also eine gewisse Weitsicht walten lassen und Dich dadurch gedanklich von so manchen negativen Erlebnissen befreien, da Du sie nach entsprechenden Erkenntnissen viel einfacher loszulassen bereit bist. Gleichgültig, an wen oder was Du dabei denkst. Du könntest Dir also erlauben, neue Eindrücke zu gewinnen und Deine eigene Geschichte, und damit auch Deine bisherigen Sichtweisen, umzuschreiben. Sozusagen, zu Deinem Vorteil zu verändern. Du könntest lernen, Deine Erfahrungen von jetzt an sogar zu nutzen, sowie zu Deinem persönlichen Gewinn zu machen. Stattdessen beschäftigst Du Dich im Rahmen Deiner Verlustangst kontinuierlich damit, den Partner auf eine zutiefst destruktive Linie zu bringen, um ja nichts verändern, geschweige denn über Deine eigenen Überzeugungen nachdenken zu müssen. Doch das verändert nichts und verschwendet nichts als Energie. Deine eigene Energie, die Dir an anderer Stelle fehlt. Beschäftige Dich daher stichwortartig mit der Beantwortung der folgenden Fragen:

Wenn ich meine eigene Geschichte so umschreiben würde, dass sie positiv und gewinnbringend klingt,- wie würde sie dann klingen?

_____

_____

_____

_____

Welche Erfahrungen habe ich gerade durch schwierige Situationen gewonnen und welche Fähigkeiten erworben?

Wenn ich meine Erfahrungen und Fähigkeiten zum persönlichen Gewinn machen möchte,- was müsste ich dann tun?

Welche Folgen hätte es für mich im partnerschaftlichen Bereich, wenn ich an meinen bisherigen Überzeugungen festhalten würde?

Welche praktischen Schritte zur Veränderung kann ich mir vorstellen?

_____

_____

_____

_____

_____

Integration der Gefühlswelt

Ein wichtiger Schritt zur Überwindung Deiner Angst ist es, etwas völlig anderes zu tun, als Dir dieses Gefühl zunächst sagt. Im Regelfall wird der Eifersucht und der dahinter liegenden Angst nämlich dadurch begegnet, dass sie entsprechend bekämpft oder ihr in vielen Situationen doch eher nachgegeben wird. Verständlich, soll dadurch eine entsprechende und vor allem schnelle Erleichterung erreicht werden. Die Angst wird abgewehrt, ohne darüber nachdenken zu müssen, weshalb sie da ist. Die damit verbundene Entlastung wird immer wieder gestrebt, doch im Laufe der Zeit wird die Angst nur noch stärker und die notwendige Abwehr irgendwann zu einem regelrechten Kampf. Dieser Kampf führt jedoch dazu, dass Du versuchst, gegen etwas zu Felde zu ziehen, was isoliert betrachtet zunächst einmal zu Dir gehört,- nämlich Deine eigenen Gefühle und Emotionen. Auch die Angst und das daraus resultierende Gefühl der Eifersucht sind Emotionen, die, wertfrei betrachtet, zunächst einmal Teil Deines eigenen Selbst sind. Letztendlich gibt es also immer Gründe für ein bestimmtes Empfinden. Nichts ist dabei so zufällig, wie es zu vermuten wäre. Manchmal sind diese Ursachen jedoch nicht gleich erkennbar, geschweige denn in irgendeiner Form bewusst, doch Du kannst sicher sein, dass es auch für Deine Empfindungen Gründe gibt. Meistens haben die wahren Gründe Ihre Ursache in der Vergangenheit sowie dessen jeweiligen Erleben und liegen in aller Regel fernab der jetzigen Situation. Das von Dir kritisierte Verhalten Deines Partners löst im Regelfall also lediglich etwas in Dir aus. Eine Emotion, ein Gefühl, vielleicht etwas, was Dir in diesen Momenten bedrohlich erscheint. Doch der Auslöser ist nicht automatisch die Ursache. Höchst selten sogar, um genau zu sein. Wie könnte der Andere auch für etwas verantwortlich sein, was er faktisch nicht getan hat? Du machst ihn für etwas verantwortlich, was Du selbst lediglich vermutest, weil Du in Wahrheit nicht glauben kannst, dass er die Wahrheit sagt. Die eigentlichen Gründe und Ursachen für Deine Eifersucht liegen also vielmehr in Dir selbst und haben ihren Ursprung in anderen Zusammenhängen erfahren. Vielleicht, weil Du schon einmal enttäuscht oder hintergangen worden bist oder Du wichtigen Bezugspersonen aufgrund deren Verhaltens lieber kein Vertrauen mehr zuteil werden lassen wolltest. Vielleicht haben Deine Eltern einen anderen Menschen, möglicherweise Deinen Bruder oder Deine Schwester, bevorzugt umsorgt und Du hast noch immer den Eindruck, ungerecht behandelt worden zu sein oder hast es häufig mit Menschen zu tun gehabt, die Dich mehr oder weniger „getäuscht" und damit enttäuscht haben. Die Gründe mögen vielfältig sein, doch sie sind da. Meistens jedoch unbewusst. Und weil es immer Gründe gibt, ist es zunächst einmal wichtig, dass Du diese im ersten Schritt auch als „vorhanden" anerkennst und aufhörst gegen Emotionen zu kämpfen, die zu Deinen Erfahrungen und damit zu Deinem Leben grundsätzlich dazugehören. Dies bedeutet aber noch lange nicht, dass Du daran nichts mehr verändern könntest. Viel hilfreicher ist es, herauszufinden, welche Entstehungsbedingungen tatsächlich zu Deiner Eifersucht und allen damit verbundenen Abwehrmaßnahmen geführt haben, denn schließlich leidest Du ja selbst am meisten darunter. Manchmal noch mehr, als der Partner. Das nötige Wissen befreit da häufig aus der Ohnmacht. Akzeptiere daher zunächst einmal, dass Deine derzeitigen Gefühle bestimmte Gründe und Ursachen haben und bekämpfe diese nicht mehr länger mit Maßnahmen, die lediglich die Angst am Laufen halten. Fang an, darüber nachzudenken, was die wahren Ursachen Deiner Überzeugungen, Gefühle und Emotionen in Hinblick auf Deine Eifersucht und Verlustangst sein könnten. Beginn, Dich zu fragen, was genau für Dich in den jeweiligen Momenten der Angst so enorm bedrohlich erscheint und weshalb Du anstelle konstruktiver Lösungsstrategien auf so destruktive Maßnahmen, wie zum Beispiel der Kontrolle des Partners, zurückgreifst. Schau einmal, worauf Du diese tiefen Sorgen im Ursprung zurückführst? Wende den Blick also abermals zu Dir selbst, gehe den wahren Ursachen Deiner Eindrücke auf die Spur und löse Dich so nach und nach aus einem Korsett einer Angst, das nichts anderes macht, als Dir das ersehnte Glück nicht zu gönnen. Am besten, Du stellst Dir im Zuge der Veränderungen Deine bisherige Angst als ein Wesen vor, dass Du bisher gefüttert hast und es dadurch im Laufe der Zeit immer größer und stärker wurde. Doch jetzt entziehst Du diesem Wesen das Futter, indem Du Dich mutig mit Dir selbst beschäftigst und neue Wege gehst. Wege, die bei der Überwindung Deiner negativen Gedanken wesentlich hilfreicher und zielführender sind. Akzeptiere daher auf jeden Fall das Vorhandensein Deiner Gefühle und integriere diese auf relativ einfache Art und Weise in Dein Leben. Akzeptanz ist hier die Voraussetzung für alle gewünschten Veränderungen, denn alles, was Du akzeptierst, brauchst Du nicht mehr bekämpfen. Akzeptierst Du also Deine Gefühle, so kannst Du leicht aus einem Kampf aussteigen, der Dich ohnehin nicht zum Ziel führen würde.

Beschäftige Dich bitte mit folgenden Fragen:

Was könnten die wahren Ursachen meiner Verlustangst sowie meiner Angst vor dem Vergleich sein?

_____

_____

_____

_____

Wie wichtig ist es mir, mein Gesicht zu wahren und weshalb möchte ich das unbedingt tun?

_____

_____

_____

_____

Warum sollte ich meine Gefühle akzeptieren und nicht länger bekämpfen?

_____

_____

_____

_____

_____

Weshalb gerade die Akzeptanz so wichtig ist, werde ich Dir innerhalb eines weiteren Kapitels noch ausführlicher beschreiben.

Die 180 Grad Wende

In den meisten Situationen, in denen Du Dich schlecht fühlst und Dich die Eifersucht mal wieder förmlich zerfrisst, stellst Du Dir unbewusst so gut wie immer die falschen Fragen. Überhaupt ist es oft so, dass wir uns in vielen Problemsituationen ohnehin lediglich die falschen Fragen stellen und gedanklich viel zu fokussiert sind. Wahrscheinlich tust Du in Situationen, die für Dich schwierig erscheinen das, was Dir Deine Angst zu suggerieren versucht. Du versuchst, die vermeintliche Bedrohung dadurch zu bekämpfen, indem Du zu Maßnahmen wie den Folgenden greifst:

- Du kontrollierst Deine Partnerin/Deinen Partner mit allen erdenklichen Maßnahmen
- Du hinterfragst ständig und forderst unumterbrochen Erklärungen ein

- Du bist überzeugt von der Richtigkeit Deiner Vorgehensweisen
- Dein Partner/Deine Partnerin soll sich ständig rechtfertigen
- Du forderst Beweise für die Treue des Anderen
- Du schaust in das Handy Deines Partners und liest dessen Nachrichten
- Du spionierst hinterher
- Du verbietest Deinem Partner/Deiner Partnerin mit Anderen wegzugehen
- Du strafst Deinen Partner/Deine Partnerin mit Missachtung oder verbalen Attacken im Falle von Verstößen gegen Deine Regeln
- Du versuchst, dem Anderen ein schlechtes Gewissen einzureden oder Schuldgefühle auszulösen.

Du versuchst also alles, um Deiner Eifersucht und damit Deiner Angst zu begegnen. Doch in Wahrheit kämpfst und kämpfst Du, erhoffst Dir durch alle erdenklichen Maßnahmen ein wenig mehr Sicherheit und damit eine Linderung Deiner Belastung. Verständlich, doch bekämpfst Du auf diese Art und Weise lediglich Dich selbst und tust alles dafür, Dich vom wahren Lebensglück abzuhalten sowie die Angst zu stabilisieren. Das Einzige, was Du damit erreichst, ist es, wie bereits angesprochen, Deine Angst zu füttern und damit die Eifersucht zu stärken. Und welche Fragen stellst Du Dir in solchen Momenten? Hand auf Herz,- sind es doch wahrscheinlich eher Fragen wie die Folgenden:

- Geht mein Partner/meine Partnerin fremd?
- Ist sie/er mir wirklich treu?
- Genüge ich meinem Partner/meiner Partnerin eigentlich wirklich?
- Wird mich mein Partner/meine Partnerin irgendwann verlassen?
- Stehe ich irgendwann alleine da?
- Werde ich vereinsamen?
- Wird ihr/ihm irgendwann ein Besserer/eine Bessere über den Weg laufen?
  usw.

Diese und ähnliche Fragen sind es im Regelfall, mit denen Du Dich unbewusst konfrontierst. Erlaube Dir jedoch einmal den Gedanken, dass jede Frage, die Du Dir selbst im Inneren stellst, sogleich ein Auftrag an Dein Unterbewusstsein bedeutet, sich mit der Beantwortung dieser Frage zu beschäftigen. Wenn Du Dir also solch problemorientierte und angst-bezogene Fragen stellst, beauftragst Du Dein inneres System gleichzeitig damit, Dir die entsprechenden Antworten zu liefern. Wenn Du Dich zum Beispiel fragst, ob Dich Deine Partnerin irgendwann gegen einen anderen Menschen eintauschen wird, dann gehst Du bereits davon aus, dass dies auch so geschehen wird und Dir werden fortan viele Gründe einfallen, weshalb dieses Szenario immer wahrscheinlicher zu sein scheint. Nachvollziehbar, denn immerhin hast Du genau dies ja mit Deinen negativen Fragestellungen in Auftrag gegeben. Doch hast Du Dir eigentlich schon einmal überlegt, Dir andere Fragen zu stellen? Fragen, die wesentlich hilfreicher wären und Dich wahrscheinlich sehr viel schneller aus Deiner Eifersucht befreien könnten? Wahrscheinlich eher selten, stimmst's? Anstatt also weiterhin lediglich Deine Angst zu füttern solltest Du beginnen, Dir Fragen wie die Folgenden zu stellen:

- Wie kann ich die für mich herausfordernde Situation persönlich nutzen?

  _____

  _____

  _____

- Welche wichtigen Erkenntnisse kann ich aus der aktuellen Situation ziehen?

  _____

  _____

  _____

- Was müsste ich tun, um die Situation für mich sogar zum persönlichen Gewinn zu machen?

  _____

  _____

  _____

- Was werde ich persönlich davon haben, meine Eifersucht zu besiegen?

  _____

  _____

  _____

- Wie werde ich mich fühlen, sobald ich frei von diesen quälenden Gedanken bin?

  _____

  _____

  _____

- Wie möchte ich mein Leben ohne Eifersucht gestalten? Was ist mir persönlich wichtig?

  _____

  _____

  _____

- Was macht mich persönlich aus und was sind meine Fähigkeiten?

  _____

  _____

  _____

- Was hat der Andere davon, mit mir zusammen sein zu dürfen?

  _____

  _____

  _____

Bitte lies Dir diese Fragen nicht nur einfach so durch, sondern beantworte sie schriftlich. Mindestens stichpunktartig, denn es hilft Dir nicht, den Text dieses Buches einfach nur kurz zu lesen und darauf zu hoffen, dass sich von alleine etwas ändert. Du musst beginnen, an Dir zu arbeiten! Es gibt bekanntlich nichts Gutes, außer man tut es, wie ein bekanntes Sprichwort sagt.

Wenn Du also wirklich etwas verändern willst, musst Du beginnen, Dich mit dir selbst auseinander zu setzten. Und dies gelingt Dir am besten, sobald Du Dich mit hilfreicheren, positiven Fragen jener beschrieben Art beschäftigst, diese schriftlich beantwortest und Dir die nötige Zeit gibst, alle neu gewonnenen Erkenntnisse in der Realität entsprechend einzuüben. Eine Veränderung geschieht nicht von alleine. Und das Prinzip „Hoffnung" hilft da auch nicht wirklich weiter. Du musst beginnen, aktiv zu werden. Veränderung kommt von „Verändern" und nicht von „Hoffen" auf Veränderung. Ähnlich, wie sich auch Dein Schreibtisch nicht von alleine aufräumt und Du Dich schrittweise daran machen musst, das entstandene Chaos zu sortieren. Mir ist bewusst, dass dies nicht immer einfach ist, denke ich dabei doch auch an so manchen Ort, der mal wieder entrümpelt werden könnte. Sieht man doch zu Beginn meist den Berg und nicht das Ergebnis. Doch vielleicht hast Du ja auch schon mal die Erfahrung gemacht, wie wohltuend es ist, eine dringende Angelegenheit auch wirklich anzugehen und sie entsprechend nachhaltig zu erledigen, anstatt Dich jeden Tag auf's Neue darüber zu ärgern, dass Du offenbar mal wieder unter „Aufschieberrithis" leidest. Wahrscheinlich kennst Du dieses angenehme Gefühl, sobald wieder Licht ins Chaos gerückt ist und der Blick endlich wieder frei geworden ist für all das, was man sonst gesucht hätte. Ganz ähnlich verhält es sich im Fall Deiner Eifersucht. Du siehst zunächst den Berg und neigst dazu, weiter an dem festzuhalten, was Du bisher gemacht hast. Wie schön wäre es doch, wenn der Andere einfach das tun würde, was ich auf Grundlage meiner Angst fühle. Wenn er sich doch einfach anderes geben würde und einsehen könnte, dass ich mit meiner eigentlich bornierten Meinung dennoch richtig liege. Wie angenehm wäre dies, müsste ich mich dann nicht so aufwendig mit mir selbst beschäftigen. Ich müsste nichts verändern und könnte alles so lassen, wie es ist. Ich müsste weder an mir arbeiten, noch irgendetwas anderes tun. Ich könnte einfach weiter kontrollieren und den Anderen zu überzeugen versuchen. Ich könnte einfach weiterhin dafür sorgen, dass es weder dem Partner, noch mir selbst in irgendeiner Hinsicht wirklich besser geht, doch es wäre einfach so viel leichter dran zu bleiben an dem, was mir meine Angst sagt und was ich schon so genau kenne.

Ich möchte Dir nichts vormachen. Wahre Veränderungen sind nicht unbedingt der leichte Weg. Doch wo steht geschrieben, dass der leichte Weg immer der Richtige und der „herausfordernde" stets der falsche sei. Richtig. Nirgends! Es ist in der Tat herausfordernd, neue Wege zu gehen. Man könnte sogar sagen, dass so schnell nichts herausfordernder ist, als damit zu beginnen, zu sich selbst zu schauen. Den Blick zu korrigieren und hinzuschauen auf die Themen, die mit der Angst in Zusammenhang stehen. Auf all das, was Du bisher so „erfolgreich" verdrängt hattest. Das ist sicherlich herausfordernder, als manch anderes. Sich selbst erkennen zu lernen, die eigene Wertigkeit bewusst zu machen sowie den wahren Ursachen der jeweiligen Beschwerden ins Gesicht zu sehen ist nichts, was man einfach mal als „Easy Way" bezeichnen könnte. All dies IST schwierig, doch trotzdem richtig! Du kannst also wieder einmal lesen und lesen, Dir nochmals 100 weitere Bücher kaufen und darauf hoffen, dass sich irgendwas tut. Du könntest jedoch auch einfach beginnen, Dir einen Plan zu gestalten, neue Ziele zu formulieren und umzudenken. Du könntest eine Wende vollziehen, Deine Gedanken zu Dir selbst richten und einmal unabhängig des Verhaltens des Partners überlegen, welche Schritte zur Überwindung Deiner Angst erforderlich sind und wirklich helfen. Du könntest Dir überlegen, was Du als nächstes tun (nicht hoffen) kannst, um zu deutlich mehr eigenem Lebensglück zu gelangen und Deine eigenen Leidenschaften entdecken. Wenn Du also bereit bist, diese Wende zu vollziehen, um es Dir von jetzt an besser gehen zu lassen, dann möchte ich dich einladen, Dich mit der Beantwortung folgender Fragen zu beschäftigen:

- Was sind, auch unabhängig von meinem Partner, meine persönlichen Lebensziele?

  _____

  _____

  _____

- Wenn ich mir mein Leben, beruflich wie privat, frei aussuchen könnte, was würde ich dann tun?

  _____

  _____

  _____

- Wie sieht mein Leben aus, sobald ich mich richtig gut fühle? Was ist anders als jetzt?

  _____

  _____

  _____

- Was bewegt mich im Inneren wirklich? Wovor habe ich Angst und was werde ich, ohne meinen Partner weiter zu kontrollieren, dagegen tun?

  _____

  _____

  _____

- Bin ich wirklich, nur wenn ich gelegentlich einmal allein bin, auch gleichzeitig einsam?

  _____

  _____

  _____

- Welche Vorteile habe ich, sobald ich Zeit mit mir selbst verbringen darf?

  _____

  _____

  _____

- Warum sollte ich die Herausforderung annehmen und mich meinen eigenen Themen stellen? Was werde ich persönlich davon haben?

  _____

  _____

  _____

- Welche Folgen hätte es für mich und meine Partnerschaft, wenn ich einfach so weitermachen würde, wie bisher?

  _____

  _____

  _____

- Welche praktischen Schritte zur Veränderung werde ich gehen?

  _____

  _____

  _____

Auch hier geht es nicht etwa darum, einfach weiterzulesen, sondern sich mit den gestellten Fragen aktiv auseinanderzusetzen. Mach Dir also am besten einen schriftlichen Plan und geh dabei nach folgenden Punkten vor:

1. Was ist mein persönliches Ziel? Was möchte ich erreichen?

   _____

   _____

   _____

2. Weshalb möchte ich das? Was werde ich davon haben, beziehungsweise was werden meine persönlichen Vorteile sein?

   _____

   _____

   _____

3. Welche praktischen Schritte zur gewünschten Veränderung werde ich gehen?

_____

_____

_____

4. Innerhalb welcher Zeit und bis wann möchte ich mein Ziel erreicht haben?

_____

_____

_____

5. Wie viel an mich gerichtete, lösungsorientierte Fragen möchte ich täglich beantworten, um meinem eigenen Selbst immer näher zu kommen?

_____

_____

_____

6. Welche Unterstützung von außen, z. B. Therapie oder Selbsthilfegruppen, brauche ich, um mein Ziel zu erreichen?

_____

_____

_____

Spätestens an dieser Stelle wird Dir wahrscheinlich deutlich, dass eine klare Verbesserung Deiner Situation mit so etwas wie „eigener Arbeit" zu tun hat. Aber lass Dir sagen: Sobald Du erst einmal richtig damit begonnen hast, beginnt diese Arbeit immer mehr Spaß zu machen. Du entdeckst Dich selbst, Deinen eigenen Wert sowie Deine wahren Bedürfnisse. Überspitzt könnte man sagen, dass Dir gerade die Krise erst die Chance gibt, Dich mit Dir selbst immer zielführender auseinanderzusetzen. Erst jetzt kann sich wirklich etwas verändern. Mach Dir bewusst, dass die wenigsten Menschen zu Veränderungen bereit sind, ohne jeglichen Leidensdruck zu verspüren. So sind wir eben. Deswegen liegt in jeder Krise gleichwohl auch die größte Chance. Wir sind dadurch angetrieben, denn wir wollen etwas erreichen. Wir wollen uns endlich wieder besser fühlen und den langwierigen Leidensdruck jetzt schnellstmöglich beenden. Daher besteht gerade in der Phase des größten Drucks gleichwohl auch die größte Chance, exakt dies zu erreichen. Alles, worauf Du bisher nur gehofft hast. Oft ist es gerade die Angst, die uns antreibt und die Belastung, die uns zum Handeln zwingt. Doch wie auch immer die Dinge sein mögen,- Du hast es in der Hand! Erkenne die Krise daher als Deine größte Chance! Beginne am besten noch heute, ja noch heute und nicht erst morgen, damit, Dich auf diesen neuen Weg zu machen. Dies alles ist einfacher, als Du denkst. Nimm Dir im ersten Schritt einfach ein leeres Blatt Papier und entwerfe Deinen Plan! Ähnlich, wie Du einen Businessplan im Geschäftsleben entwerfen würdest, wenn Du ein geschäftliches Ziel verfolgst. Ohne einen Plan würdest Du nicht ankommen. Nimm Dir jeden Tag auf's Neue vor, etwas anders zu machen als bisher und übe Dich darin, die Neuerungen zu verinnerlichen. Treffe jeden Tag mindestens eine gute, zielführende Entscheidung und sammle dabei Deine Ideen. Denn wenn Du jeden Tag nur eine einzige gute Entscheidung treffen würdest beziehungsweise eine weitere Idee zur Lösung

Deiner Themen entwickelst, hättest Du innerhalb eines Jahres bereits 365 neue Entscheidungen und/oder Ideen gesammelt. Wenn auch nur zwei bis drei dieser vielen Änderungen Dir wirklich hilfreich sind, dann würdest Du allein damit die gewünschten Veränderungen schon erreichen. Jeder neue Weg gleicht zu Beginn zunächst einem paar Fußstapfen im hohen Schnee, doch sobald Du mehrfach darüber gelaufen bist, entsteht ein klar erkennbarer Weg. Irgendwann brauchst Du nicht mehr darüber nachdenken, wie Du ihn gehst, weil er einfach da ist und damit klar ist. Er geht sich fortan wie automatisch. So kannst Du Dir jetzt vorstellen, wie Veränderungen tatsächlich vonstatten gehen und was Du tun musst, um es Dir in Zukunft deutlich besser gehen zu lassen. Bedenke immer, dass es sich um nichts geringeres handelt, als Deine ganz eigene Lebensqualität. Du hast also die Wahl, Dich auch weiterhin durch Gefühle der Angst leiten zu lassen oder eine bessere Richtung einzuschlagen. Niemand zwingt Dich dazu. Nur Du selbst entscheidest. Erwarte daher nicht, dass ein Anderer für Dich diese Verantwortung übernimmt, denn dies wird niemand tun. Und ganz abgesehen davon, dass es niemand tun würde, wäre es auch alles andere als sinnvoll. Es würde Dich keinen Schritt weiterbringen, sondern in der emotionalen Abhängigkeit verweilen lassen. Genauso wenig, wie es Dich auch nur einen einzigen Schritt weiterbringt, an Deiner Eifersucht festzuhalten, nur weil es für Dich bequemer erscheint, alles beim Alten zu belassen.

Verändere Dein Kopfkino

Vielleicht hast Du bisher angenommen, dass genau das, was in Deinem Umfeld passiert, zum Beispiel das Verhalten Deines Partners dazu führt, das bei Dir Gefühle der Eifersucht und des Unbehagens ausgelöst werden. Und wahrscheinlich bist Du bisher davon überzeugt gewesen, das eben diese äußeren Umstände gleichwohl die Ursache Deiner Beschwerden sind. Das also der Partner sich falsch verhält und dieser eben an den belastenden Gefühlen einfach schuld wäre. Doch das, was Dir Angst macht und Gefühle jener Eifersucht auslöst ist im psychologischen Sinne lediglich das, was in Deinem Kopf entsteht, sobald Du etwas in Deinem Umfeld wahrnimmst. Es ist nicht etwa das, was in der Umgebung tatsächlich passiert, sondern das, was Deine jeweiligen Gedanken aufgrund Deiner Lebenserfahrungen aus dem machen, was sie glauben zu erkennen. Zu kompliziert? Lass es mich einfacher ausdrücken: Menschen nehmen etwas wahr und reagieren ganz individuell unterschiedlich auf das, was sie sehen. Was bei dem Einen zu extremer Belastung führen kann, lässt den Anderen mitunter völlig kalt. Doch wie kommt das? Wieso reagiert ein Mensch in einer bestimmten Situation mit Wut, Angst und Verzweiflung, während ein anderer sich in der gleichen Situation vollkommen wohl fühlt? Die Antwort darauf ist relativ einfach. Wir sind letztendlich Konstrukteure! Heißt, das jeweilige Ergebnis Deiner Gedankengänge sowie die damit verbundenen Überzeugungen, zum Beispiel dass Dir Deine Partnerin oder Dein Partner früher oder später fremdgehen wird, Dich verlassen wird oder einen anderen Menschen attraktiver finden könnte, sind es, die zu Emotionen der Angst, innerer Anspannung und Unwohlsein führen können, nicht jedoch die Umstände selbst. Du interpretierst ganz einfach eine Situationen vollkommen individuell und kommst zu bestimmten Ergebnissen. Diese Interpretation läuft unbewusst und in Sekundenschnelle ab. Ähnlich wie beim ersten Eindruck. Sie bedient sich Deiner bisherigen Erfahren, dass heißt, sie gleicht die aktuell erlebte Szene mit Deinen Erfahrungen aus der Vergangenheit ab. Ähnlich, wie wenn Du einmal an einen heißen Herd gefasst und Dich entsprechend verbrannt hast. In Folge dieser Erfahrung wirst Du vorsichtiger mit solchen Situationen umgehen oder gar das Kochen ganz vermeiden. Obwohl die aktuelle Situationen faktisch nichts mit dem Erlebnis der Vergangenheit zu tun hat, wird diese Erfahrung zur Grundlage der Bewertung gemacht. Du greifst ganz einfach auf alte Erfahrungen zurück, die Dich verletzt hatten und siehst daher sofort die vermeintliche Gefahr, die es nunmehr abzuwehren gilt. Tatsächlich könnte es sich auch ganz anders verhalten, doch Deine Überzeugungen lassen kaum eine alternative Sichtweise zu. Im Gegenteil. Du kämpfst und verteidigst Deine Meinung meist umso stärker, je intensiver diese von außen in Frage gestellt wird. Du bist bemüht, Dein inneres System immer wieder herstellen zu wollen,- allen anderen Fakten zum Trotz. Doch mach Dir klar, dass all Deine Eindrücke zunächst einmal nur Resultat Deiner Gedankengänge sind. Deine Beschwerden sind also im psychologischen Sinne bloßes Ergebnis Deiner neuronalen Konstruktionen. Jeder Mensch schafft sich seine ganz eigene Realität. Jeder sieht etwas anderes. Nichts ist einfach so, wie es ist. Es ist eine Sache der Sichtweise und es geht darum, zu überlegen, welche Gedankengänge und Sichtweisen für Dich die „Hilfreicheren" währen. Deine ganz persönlichen Überzeugungen führen zu Deinen Beschwerden. Sonst nichts. Und Deine Überzeugungen wiederum entstehen, wie bereits im Abschnitt „Ursachen" beschrieben, aus Erfahrungen Deiner Vergangenheit. Ein Kopfkino,- sonst nichts! Doch Du konzentrierst Dich genau auf diesen Film und auf die Umstände im Außen, die Du als besonders bedrohlich erlebst und versuchst, die Beteiligten nach Deinen Vorstellungen zu verändern. Doch hast Du schon mal darüber nachgedacht, einfach den Film zu ändern? Du bemühst dich ununterbrochen, Veränderungen herbeizuführen, doch eben nicht die, die Dir wirklich helfen würden. Du willst die Anderen verändern, doch nicht Dich selbst. Diese sollen sich Deiner Sichtweise und damit Deiner Angst anschließen. Und genau das ändert nichts! Alles andere um Dich herum soll einfach anders sein, sich anders verhalten und besonders Dein Partner soll sich Deinen Ideen anschließen. Und weshalb das alles? Weil Du in Deinem Kopf ein Worst-Case-Szenario erdenkst, was zwar mit der Realität kaum etwas zu tun hat, doch Du völlig überzeugt davon bist, richtig zu liegen. In Deiner tiefen Überzeugung merkst Du jedoch nicht, dass Du Dich in einer Art „Tunnelblick" befindest, die Dir einen heilsameren Blick, sozusagen über den Tellerrand hinaus, gleichsam verwehren. Du siehst also schlicht und ergreifend nicht mehr das, was eben auch da ist, zum Beispiel die vielen Liebeshinweise sowie die „Liebeseinladung" Deines Partners, sondern nur Deine Angst. Zu tief steckst Du in destruktiven Überzeugungen fest und lässt gegenteiligen Fakten kaum mehr einen Raum. Doch mach Dir an dieser Stelle klar, dass es im Regelfall weder die Umstände, noch die Verhaltensweisen der Anderen sind, die Dir schlaflose Nächte bescheren, sondern das bloße Ergebnis Deiner eigenen Gedanken. Es hilft in diesem Fall, zwei entscheidende Dinge zu tun:

1. Erkenne, dass lediglich Deine eigenen Gedanken und Überzeugungen für Deine Beschwerden verantwortlich sind und Du es damit selbst es in in Hand hast, diese auch zu verändern. Lass neue Sichtweisen entstehen. Dies geht leichter, als Du denkst, denn immerhin sind Deine bisherigen Sichtweisen ja auch irgendwann einmal entstanden.Du hast einen bestimmten Film entwickelt, also kannst Du auch einen neuen drehen.

2. Bring Deine Gedanken und Überzeugungen in emotionalen Momenten auf eine logisch-rationale Ebene und fang an zu hinterfragen, wie die Situation ohne Deine in Angst, sozusagen ohne Deine getönte Brille wirklich ist.

Fragen, wie die folgenden, können Dir dabei helfen:

- Wie ist hoch ist die von mir gefühlte Gefahr eigentlich wirklich?

  _____

  _____

  _____

- Was erkenne ich unabhängig und außerhalb meiner Angst? Wie ist es wirklich?

_____

_____

_____

- Was ist anders, sobald ich mir erlaube, einmal unabhängig und frei zu denken? Wie würde ich dann die Situation einschätzen?

_____

_____

_____

- Wie ist es nüchtern betrachtet tatsächlich?

_____

_____

_____

- Was ist die Wahrheit abseits meiner Emotionen?

_____

_____

_____

Fragen wie diese helfen Dir dabei, eine emotional aufgeladene Situation sachlich herunterzubrechen und den Geist wieder frei zu kriegen für das, was weit abseits der Eifersucht erkennbar werden darf. Möglicherweise merkst Du erst dann, wie sehr Dich Dein Partner wirklich möchte und wie verzweifelt er ist, weil Du ihm nicht vertraust. Bedenke, wie beschrieben, dass Du in Zeiten größter Anspannung tief in Deinen Gefühlen festhängst und damit keinen Blick mehr frei hast für Betrachtungsweisen, die sich an hilfreicheren Fakten orientieren würden. Du hängst regelrecht fest und der Blick ist versperrt. Doch vielleicht kennst Du das ja auch,- meistens bleibt am Ende nicht mehr viel übrig von den zuvor gemachten Gedanken und vielen Grübeleien. Häufig sogar überhaupt nichts und es kam so oft mal wieder völlig anders, als gedacht. Das Einzige, was bleibt, ist das dumpfe Gefühl, sich wieder einmal viele Gedanken um Nichts gemacht zu haben. Noch dazu der damit verbundene Ärger gegenüber Dir selbst, da Du wieder einmal mehr die an sich gute Chemie zwischen Euch in Frage gestellt und damit ein weiteres Stück eurer Beziehung zerstört hast.

Verändere also Dein Kopfkino und erlaube Dir, einen anderen Film zu drehen. Übernimm die Regie und schreib Dein Drehbuch einfach neu. Mach einen guten und einfach besseren Film daraus. Und wenn Du glaubst, dies nicht zu können, dann erinnere Dich daran, dass letztendlich auch Du selbst es warst, der es geschafft hat, den bisherigen, eher belastenden Film zu entwickeln. Alles, was Du brauchst ist ein wenig Zeit, eine klare Entscheidung zur Veränderung, ein Ziel sowie die Geduld so lange dran bleiben zu können, bis Du die gewünschten Veränderungen erreicht hast. Kaum ein neuer Weg führt dabei bereits in wenigen Sekunden ans Ziel. Alles im Leben braucht seine ganz eigene Zeit. Nimm Dir diese Zeit und bleib dran. Lass Dich dabei auch nicht von Schwankungen aus der Fassung bringen. Diese sind, ähnlich jenen der Börsenkurse, völlig normal. Das „Dranbleiben" ist wichtig und wird Dich entsprechend belohnen!

Die eigene Unzufriedenheit überwinden

Lenke einmal Deine Aufmerksamkeit auf Dein eigenes Leben. Wie fühlst Du Dich? Lebst Du bereits das Leben, das Du führen willst? Machst Du bereits das, was Dir selbst entspricht? Fühlst Du Dich wirklich frei, unabhängig und souverän? Hast Du bereits ganz eigene Ziele verwirklicht und bist auf dem Weg? Oder bist Du eher auf der Suche? Vielleicht auf der Suche, nach dem, was Du machen willst oder gar noch auf einer ganz grundsätzlichen Suche nach Deinem eigenen Selbst? Hast Du häufig das Gefühl, etwas völlig anderes zu tun, als Du normalerweise tun willst oder reagierst womöglich sogar neidisch auf das, was Andere haben und was Andere leben? Hast Du den Eindruck, Deine Bedürfnisse, Wünsche und Vorstellungen bereits zu leben oder schiebst Du sie eher regelmäßig unter den Teppich, weil Du denkst, es ginge sowieso nicht anders? Sei einmal ehrlich zu Dir selbst. Viele Menschen, die unter Eifersucht leiden, sind mit ihrem eigenen Leben unzufrieden. Anstatt selbst etwas an diesem Zustand zu verändern, wird die entsprechende Verantwortung jedoch lieber nach außen verlagert und anderen Menschen zugeschoben. Andere, auch der Partner, sollen nun dafür sorgen, dass es Dir besser geht. Dahinter steckt die Hoffnung, durch die Energie des jeweils Anderen zum ersehnten, eigenen Lebensglück zu finden, jedoch dabei selbst nichts verändern zu müssen. Ein „Finden „ ohne Eigeninitiative sozusagen. Die Energie wird nicht für sich selbst verwendet, sondern dafür, andere Menschen in die Spur zu bringen. „Ich brauche Dich" oder „Ohne Dich ist mein Leben nichts wert", sind beispielhafte

Sätze, die zwar romantisch klingen, jedoch die dahinter liegende Abhängigkeit schon im Ansatz vermuten lassen. Wenn insbesondere so manche Männer wirklich wüssten, wie unromantisch und vor allem unattraktiv es gegenüber der eigenen Partnerin ist, wenn zum wiederholten Male der Hinweis der eigenen Abhängigkeit zelebriert wird, würden sie wahrscheinlich eher bereit sein, umzudenken. Doch stattdessen grassiert der Irrglaube, dass sich solche Sätze wirklich gut anfühlen und doch nur die Liebe zum Partner signalisierten. Weit gefehlt, kann ich da nur sagen. Das hat mit Liebe nichts zu tun, sondern mit Abhängigkeit! Wahre Liebe zum Partner wird eben nicht vordergründig durch ein „Brauchen" charakterisiert, sondern einfach dadurch, dass Ihr euch mögt, vertraut und liebt, ohne existenziell aufeinander angewiesen zu sein. Das ihr beide, auch unabhängig voneinander, glücklich seien könntet. Dies ist ein wichtiger Unterschied! Wenn Du mit Deinem eigenen Leben noch nicht zufrieden bist, Deine Ziele noch nicht kennst, keinen besonderen Plan hast oder Deinen eigenen Wert unterschätzt, kann kein anderer Mensch etwas dafür und es ist allein Deine Aufgabe, daran etwas zu verändern. Kein anderer Mensch, auch nicht der Partner, kann dafür sorgen, dass Du Dein eigenes Glück findest. Das klingt hart, untermauert aber die Tatsache, das Erwachsensein eben schlichtweg so etwas wie „Eigenverantwortung" bedeutet. Selbst wenn Dein Partner alles gibt, wird er es nicht schaffen können, Dich zum glücklichsten Menschen zu machen, wenn Du es selbst nicht bist. Vielleicht stellst Du Dir an dieser Stelle ja bereits die Frage, wie Du zum diesem eigenen Glück findest. Glaube mir, der Weg zu jenem Glück ist beileibe nicht so schwer, geschweige denn so zufällig, wie

Du vielleicht glauben magst, sondern ist Ergebnis Deiner jeweiligen Handlungen. Das, was Du tust führt zu positiven Ergebnissen und nicht das, was Du vermeidest. In dem Moment, wo Du anderen Menschen diese Entscheidungen überlässt, überträgst Du Deine Eigenverantwortung nach außen. Andere bestimmen nun über Dein Leben. Hast Du wirklich den Eindruck, das Dich das zufriedener macht oder wirklich zur Überwindung Deiner Eifersucht beiträgt? Definitiv nicht, kann ich da nur sagen. Übernimm daher auf jeden Fall die volle Verantwortung für Dich selbst und verabschiede Dich mutig von der Illusion, dass Dein Partner Dir zur eigenen Zufriedenheit verhelfen könnte. Wenn dies tatsächlich gelingen würde, dann hättest Du dieses Buch nicht in der Hand. Diese Tatsache lässt sich wohl nicht oft genug wiederholen. Es hätte ja geklappt. Doch Du liest dieses Buch und dies ist schon allein Beweis genug dafür, dass eine Trendwende zur Zufriedenheit auf dem bisherigen Wege nicht gelungen ist. Beschäftige Dich mit folgenden Fragen:

- Wann beziehungsweise in welchen Situationen habe ich mich in der Vergangenheit bereits sicher und selbstbewusst erlebt?

  _____

  _____

  _____

- Wie fühlte ich mich in diesen Situationen?

  _____

  _____

  _____

- Welche Fähigkeiten habe ich eingesetzt?

_____

_____

_____

- Wenn ich mich für Glück und Zufriedenheit entscheiden würde,- was müsste ich dann tun beziehungsweise verändern?

_____

_____

_____

Effektiver Perspektivenwechsel

Immer dann, wenn Dich die Eifersucht am meisten
plagt, bist Du, wie bereits angesprochen, mit Deiner
Aufmerksamkeit auch am meisten bei Dir. Du steckst
fest in Deinen Gedanken, die außer negativen Überzeugungen, zum Beispiel dass Dich Dein Partner schon
bald betrügen oder verlassen wird, keinen erweiterten
Blick mehr zulassen. Hand aufs Herz: Wie sehr nimmst
Du in den intensivsten Zeiten Deiner Angst noch die
Gefühle des Anderen war? Wie gut gelingt es Dir noch,
Dich in Deinen Partner hineinzuversetzen, geschweige
denn, seine wahren Gefühle zu erkennen? Wie viel Objektivität ist Dir wirklich noch möglich? In der Regel
nimmst Du außer Dich selbst und Dein vermeintlich eigenes Leid nichts anderes mehr war und bist förmlich
blind für das, was der Andere wirklich denkt. Deine

Wahrnehmung gleicht einem Tunnelblick und versperrt Dir förmlich die Sicht auf das, was Dein Partner tatsächlich für Dich empfindet. Wahrscheinlich vertraut und liebt er Dich weit mehr als Du denkst, doch Du stellst ihn durch misstrauische Kontrollmaßnahmen und bühnenreife Eifersuchtsszenen immer wieder in Frage. Verständlich, dass auch beim geduldigsten Menschen irgendwann die Grenze erreicht ist und sich dieser zu befreien versucht. Daher ist es wichtig, Deinen Blick wieder zu erweitern. Es geht darum, sich nicht mehr weiter von Deiner Angst leiten zu lassen und zu möglichst großer Objektivität zurückzukehren. Versetzte Dich daher an dieser Stelle wirklich einmal in Deinen Partner hinein und stell Dir dabei folgende Fragen:

- Was nehme ich war, sobald ich mich in meinen Partner hineinversetze?

  _____

  _____

  _____

- Was fühlt mein Partner mir gegenüber wirklich?

  _____

  _____

  _____

- Wie sieht mich er/sie mich?

  _____

  _____

  _____

- Was wünscht sich er/sie sich eigentlich von mir?

  _____

  _____

  _____

- Wie fühlt es sich für meinen Partner an, wenn
  ich selbst stark eifersüchtig und kontrollierend
  reagiere?

  _____

  _____

  _____

Gut, wenn es Dir gleich gelungen ist, Dich in den Anderen entsprechend hineinzuversetzen. Wahrscheinlich
nimmst Du dabei sehr schnell wahr, wie herausfordernd
und anstrengend es für Deinen Partner sein mag, unter
diesen Umständen mit Dir selbst zusammen sein zu
können. Wenn Du also sein Leiden und die jeweiligen
Belastungen spüren kannst, so nimm diese Fähigkeit
zur Empathie zunächst einmal dankbar zur Kenntnis,
denn sie wird Dir in jeden Falle äußerst nützlich bei der
Überwindung Deiner eigenen Angst sein. Sie wird Dir
helfen, die Dinge in einer hilfreicheren Perspektive zu
sehen und Dir ermöglichen, aus dem Kreislauf Deiner
eigenen Gedanken auszusteigen. Versetzte Dich im
Rahmen Deiner Auseinandersetzung daher möglichst
häufig in den Partner hinein und spüre nach, was dieser
wirklich will. Nimm wahr, was er fühlt, wie er denkt
und was ihm tatsächlich bedeutend ist. Nimm wahr,
was er sich am meisten von Dir wünscht und welche
Hoffnungen ihn, gerade in Bezug auf eure Partnerschaft
sowie Deine ganz eigene Persönlichkeit, bewegen. Im

besten Fall kannst Du die bedingungslose Liebe und die wahren Wünsche des Partners nachfühlen und erfährst, dass es in Wirklichkeit keine realistischen Gründe für Deine belastenden Gedanken gibt. Es könnte auf der anderen Seite jedoch durchaus sein, dass Du an dieser Stelle eher große Schwierigkeiten hast, Dich in den Anderen hinein zu versetzen, denn in den meisten Fällen ist es eher so, dass die nötige Empathie stark zu wünschen übrig lässt. Dies ist gleichwohl ein weiterer Grund, weshalb Eifersucht mitunter deutlich überwertig erlebt wird,- Du bist schlicht ausschließlich bei Dir. Du denkst, dass Deine eigenen Vorstellungen das Maß der Dinge sind und versuchst, Deine Wahrnehmung in völliger Überzeugung der Richtigkeit sowie einer gewissen Allgemeingültigkeit auf den Anderen zu übertragen. Dir fehlt an dieser Stelle einfach das nötige Hintergrundwissen, um einschätzen zu können, was Deinen Partner wirklich bewegt. Heißt: Du bist mit Deiner Aufmerksamkeit und Wahrnehmung so gut wie ausschließlich bei Dir selbst, obwohl Du eigentlich mit jemand Anderem das Leben teilst. Du stellst Dir Partnerschaft vor, doch nur unter Deinen eigenen Bedingungen. Du willst Freud und Leid teilen, doch bist nicht bereit, auch nur einen Zentimeter von Deinen eher destruktiven Auffassungen abzurücken. Wie soll das gehen? Du bekommst nicht wirklich mit, was den Anderen bewegt, doch nimmst ununterbrochen an, dass es außerhalb Deines eigenen Denkens stets das Falsche sei. Wie könntest Du Deinem Partner auch glauben schenken, wenn Du nicht einmal versuchst, zu verstehen, was diesen wirklich bewegt? Wenn Du also lieber Deiner Angst nachgehst und versuchst, diese mit wenig hilfreichen Mitteln zu besänftigen? Mir ist dabei durchaus bewusst, dass Empathie eine Fähigkeit ist, die nicht immer gleich vorhanden und mitunter erst erlernt werden muss. Es kann also sein, dass Du Dich erst ein wenig darin üben musst, den Fokus auf die wahren Wünsche und Vorstellungen des Anderen zu richten, doch möchte ich Dich dazu einladen, genau dies zu tun. Ein solcher Perspektivenwechsel ist unglaublich heilsam und eröffnet Dir den Blick über den Tellerrand hinaus. Sozusagen den Blick auf das, was wirklich ist und nicht auf das, was Deine Gedankenkonstrukte mit Dir machen. Vielen Menschen fällt es unglaublich schwer, die Perspektive zu wechseln, geschweige denn, sich in den Anderen hinein zu fühlen. Manch einem erscheint dies sogar unmöglich. Doch auch hier geht es nicht um Perfektion, sondern um die grundsätzliche Bereitschaft, nicht nur bei sich selbst bleiben, sondern auch den Anderen verstehen und erkennen zu wollen. Nur so hast Du die Möglichkeit zu wissen, dass Dein Partner in Wahrheit vollkommen anders fühlt, als es Deine Angst Dir selbst suggeriert. Jeder Mensch möchte sich verstanden und angenommen fühlen. Du auch! Es ist ohnehin viel leichter mit einer herausfordernden Situation umzugehen, wenn Du verstehst, was Dein Umfeld bewegt. Denn erst wenn Du etwas weißt, kannst Du auch angemessen darauf reagieren. Das Wissen um die wahren Bedürfnisse des Anderen befreit hier also förmlich aus der gefühlten Ohnmacht. Befreit Dich aus Deiner eigenen Hilflosigkeit, der Du Dich im Rahmen Deiner Angst regelmäßig unterwirfst. Ähnlich verhält es sich auch in anderen Situationen. Wenn Du zum Beispiel etwas Wichtiges in Erfahrung bringen willst, um mit dem neu gewonnenen Wissen hilfreicher Entscheidungen zu treffen, dann wirst Du zunächst versuchen, entsprechendes Wissen zu generieren. Vielleicht durch eine Internet-Recherche oder die Befragung eines Arbeitskollegen. Du benötigst in vielen Situationen zunächst einmal Informationen. Infos, die Dir die Möglichkeit geben, etwas realistischer einzuordnen und Dein Handeln nicht nur nach Deinen Emotion auszurichten. Warum sollte dies im Rahmen der Partnerschaft anders sein? Auch hier benötigst Du eigentlich mehr Informationen, nämlich jene, die die wahren Gefühle Deines Partners betreffen. Klarheit darüber, was der Andere für Dich wirklich denkt, fühlt und wahrnimmt. Doch hier siehst Du oft nur Dich und lässt Dich eher von Deiner Angst gefangen nehmen, anstatt die Bedürfnisse des Anderen zu erfragen. So entgehen Dir wichtige und notwendige Informationen und Du hast kaum eine Chance, wirkliche Veränderungen zuzulassen. So vertraust Du lediglich Deiner Angst, nicht jedoch dem Partner und geschweige denn, Dir selbst. Du bist mit Deiner Angst in Beziehung, während Du den Menschen, den Du eigentlich liebst, bekämpfst. Die Angst regiert und macht mit Dir, was sie will. Möchtest Du das wirklich weiter zulassen? Möchtest Du wirklich weiter erlauben, dass Dich diese Emotion von Deinem eigenen Lebensglück abhält und die Beziehung zu Deinem Partner früher oder später zerstört? Wenn nicht, dann beantworte die folgenden Fragen:

- Möchte ich es wirklich weiterhin zulassen, dass meine Angst die Macht über mein Handeln, meine Gefühle sowie mein Wohlbefinden hat?

_____

_____

_____

- Was werde ich ohne die Angst tun? Wie werde ich handeln, sobald ich frei von diesen belastenden Gedanken bin?

  _____

  _____

  _____

- Wie werde ich mich fühlen, sobald meine Sucht (Eifersucht ist auch eine Sucht und Sucht bedeutet Abhängigkeit) überwunden ist?

  _____

  _____

  _____

Die Beantwortung der jeweiligen Fragen ist ganz besonders wichtig und Du solltest Dir auf jeden Fall die Zeit nehmen, die es braucht, bis Du auf die entsprechenden Antworten kommst. Wie bereits beschrieben, ergeben sich Veränderung nicht von allein, sondern Du musst Dich aktiv damit auseinander setzen. Dies funktioniert am besten durch Beantwortung der Fragen und anschließendes Üben der neu gewonnenen Erkenntnisse.

Heilsame Akzeptanz

Ein regelrechtes „Zauberwort" bei der Überwindung Deiner Beschwerden ist das Wort: „Akzeptanz". Wie bereits angekündigt, greife ich zum besseren Verständnis an dieser Stelle das Thema noch einmal auf und vertiefe für Dich die wichtigsten Zusammenhänge. Bisher hast Du Dich ja eher in einem ständigen Kampf, insbesondere gegenüber Deinen eigenen Gefühlen und Emotionen, befunden. Doch so paradox es auch klingen mag,- es geht darum, zunächst einmal Deine Gefühle so anzunehmen, wie sie sind, denn immerhin hat jede Deiner körperlichen sowie geistigen Reaktionen seine ganz eigenen Gründe, selbst wenn diese mitunter tief im Inneren liegen und meistens nichts mit dem aktuellen Verhalten des Partners zu tun haben. Doch sie sind da und ein ständiger Kampf dagegen führt im psychologischen Sinne nur zu erhöhter Aufmerksamkeit gegenüber den ohnehin schon negativen Gedanken und damit zu einer Verstärkung der jeweiligen Belastung. Es ist auch hier ungefähr so wie bei den rosa Elefanten, an die Du nicht denken sollst, doch wenn Du es tätest, diese entsprechend präsent sind. Du kannst Dir leicht vorstellen, wohin eine solch erhöhte Aufmerksamkeit in Wahrheit führt, nämlich zu einer Verstärkung Deiner unangenehmen Gefühle, da Du ja gedanklich voll und ganz darauf konzentriert bist. Durch die grundsätzliche Annahme der vorhandenen Gefühle und Emotionen, auch der Angst, steigst Du dagegen aus diesem Kampf aus, was jene „Erhöhte Aufmerksamkeit" ausbleiben lässt. In der Folge bedeutet dies, dass es sich ähnlich der rosa Elefanten verhält, die Du normalerweise nicht bekämpfen, sondern akzeptieren würdest. Sie erfahren damit keine besondere Beachtung und verschwinden innerhalb kürzester Zeit aus dem gedanklichen Blickfeld. Und alles, was keine besondere Aufmerksamkeit erhält, kann auch nicht sonderlich beschwerlich sein. Wie bereits erwähnt, entsteht die eigentliche Belastung ja nicht einfach so, sondern ist ein Resultat Deiner eigenen Überzeugungen und damit Ergebnis Deiner jeweiligen Gedanken. Eine Reaktion auf ein Konstrukt Deines Denkens unter Berücksichtigung Deiner individuellen Überzeugungen. Sonst nichts. Viele Patienten, die mit einer angstbesetzten Thematik in die Praxis kommen, müssen zunächst einmal lernen, diese nicht mehr länger zu bekämpfen, sondern im ersten Schritt die eigenen Emotionen zu akzeptieren. So komisch es zunächst auch klingen mag. Nicht etwa, weil diese Zustände von nun an dauerhaft bleiben sollen, sondern in Erkenntnis darüber, dass ein weiterer Kampf nur zu verstärkter Aufmerksamkeit und damit höherer Belastung, jedoch nicht zur Lösung führt. Die Akzeptanz sollte sich dabei nicht nur auf das eigene Selbst beschränken, sondern sich auch auf den Partner übertragen. Das heißt, dass es im Rahmen jener Akzeptanz eben auch darum geht, nicht nur sich selbst, mitsamt seiner Gedanken und Gefühlen voll und ganz anzunehmen, sondern auch den Partner so zu akzeptieren, wie er ist. Mit allen Eigenschaften und Verhaltensweisen, die er eben hat. Auch denen, an die Du Dich nur schwer gewöhnen kannst. Selbst, wenn es Dich erschrecken mag, aber Du kannst sicher sein, dass der Mensch, den Du Dir ausgesucht hast, auch der Mensch sein wird, der so bleibt, wie er ist. Die Vorstellung, einen anderen Menschen verändern zu können, führt lediglich zu einer Festigung seiner bisherigen Verhaltensweisen. Du erreichst damit, abgesehen davon, dass er eben so bleibt, wie er ist, absolut nichts. Und warum solltest Du ihn auch verändern wollen? Schließlich hast Du Dich irgendwann in der Vergangenheit genau für diesen Partner entschieden. Es war Deine ganz eigene Entscheidung, eine entsprechende Bindung mit diesem Menschen einzugehen. Niemand hat Dich dazu gezwungen. Irgendetwas muss Dir also einfach gefallen haben. Und deshalb solltest Du ihn auch so annehmen, wie er ist und nicht weiter den Versuch unternehmen, ihn nach Deinen Vorstellungen zu formen. Kein Mensch lässt sich gerne nach den Vorstellungen des Anderen formen. Derjenige, der dies zulässt, handelt aus Angst. Steig also besser aus einem nicht zu gewinnenden Kampf aus, denn wer nicht kämpft, verliert auch keine Energie. Und wer keine Energie verliert, hat diese für wichtigere Dinge übrig und kann sie dementsprechend gewinnbringender einsetzen.

Stell Dir die folgenden Fragen und beantworte diese schriftlich:

- Warum sollte ich meine eigenen Gefühle und Emotionen akzeptieren?

  _____

  _____

  _____

- Weshalb ist es für mich wichtig, aus diesem ständigen, inneren Kampf gegen mein eigenes Selbst auszusteigen?

  _____

  _____

  _____

- Welche wahren Gründe und Ursachen könnte es für meine derzeitigen Emotionen, unabhängig vom Partner, geben?

  _____

  _____

  _____

- Warum habe ich mich damals für meinen Partner entschieden? Was hat mich angezogen?

  _____

  _____

  _____

Wenn Du Dir erlaubst, schrittweise in Richtung jener Akzeptanz zu gehen, wirst Du erleben, dass sich Dein Wohlbefinden relativ schnell positiv verändern wird. Auch hier geht es nicht um Perfektion. Veränderungen brauchen seine Zeit und es kann auf dem Weg dahin immer mal wieder zu Rückschlägen kommen. Dies ist völlig normal. Lass Dich also nicht allzu sehr beeindrucken und bleib einfach dran. Es gibt Höhen und Tiefen, doch auf den Trend kommt es an. Veränderungen brauchen Zeit und vor allem: Ausdauer! Um das Ganz nochmals zu verdeutlichen, stell Dir die folgende Metapher einmal bildlich vor:

Eine wundervolle Winterlandschaft, die Sonne scheint aus einem strahlend blauen Himmel herunter auf eine von hohen Bäumen umgebende Natur. Ein leichter Wind lässt die Zweige jener Bäume leicht bewegen und eine von hohem Schnee bedeckte Landschaft erstreckt sich vor dem jeweiligen Auge. Inmitten dieser schönen

Winterlandschaft eröffnet sich eine Lichtung, auf dessen Anhöhe sich eine Almhütte befindet. Es werden heiße Getränke angeboten und eine Ansammlung von Menschen hat sich mittlerweile hier eingefunden, um sich im eisigen Wind etwas aufzuwärmen. Das schon bald benötigte WC allerdings liegt in weiter Entfernung und kaum ein Hinweisschild beschreibt den genauen Weg. Nur die grobe Richtung scheint klar und so ist, außer einer schneebedeckten Wiese, noch nichts Wesentliches zu erkennen. Irgendwann geht jemand los und beginnt zu suchen. Er bahnt sich seinen Weg durch die noch gleichmäßig mit Schnee bedeckte Fläche und hinterlässt dabei nichts als einzelne Fußstapfen. Der Zweite orientiert sich bereits an diesen Abdrücken und folgt auf einem noch immer nicht ganz eindeutigen Weg den entsprechenden Hinweisen. Am Ziel angekommen bedankt er sich bei seinem Vorgänger und gibt an, dass es ihm aufgrund jener Hinweise bereits viel leichter gefallen sei, den Weg zu finden und am Ziel anzukommen. Auch der Nächste folgt diesem Weg, der mittlerweile klar erkennbar geworden ist und braucht nicht mehr lange zu überlegen. Nachdem einige Menschen den gleichen Weg genommen haben, bildete sich ein Pfad. Und dieser Pfad wird in Folge, wie selbstverständlich, auch von allen weiteren Personen genommen. Niemand muss sich jetzt noch Gedanken machen. Der Weg geht sich mittlerweile wie von allein. Die Veränderung ist eingetreten!

Wie anhand dieses Beispiels erkennbar wird, geschehen Veränderungen nicht einfach über Nacht, sondern sind Ergebnis stetiger Bemühungen. Neue Wege müssen sich erst bilden, auch neuronal. Pfade entstehen, nachdem man den Weg geht und nicht, indem man auf ihn hofft. Und das selbst dann, wenn die eigentliche Richtung noch unklar ist. Dieser Ablauf verhält sich in unserem Geiste nicht anders, als innerhalb dieser kleinen Geschichte. Insofern möchte ich Dich ermutigen, Dir die nötige Zeit zur Veränderung zu geben. Jede neue Herangehensweise will zunächst geübt und konditioniert werden. Dies braucht eine klare Entscheidung, ein Ziel, Zeit, Geduld und die nötige Ausdauer. Der ein oder andere Rückschlag, oder manchmal auch der zunächst falsche Weg, ist dabei völlig normal. Nimm Dir also die nötige Zeit, um heilsamere Veränderungen zuzulassen und einüben zu können.

Folgende konkreten Schritte sind empfehlenswert:

1. Formuliere Dein Ziel! Was willst Du erreichen? Warum willst Du dies erreichen und was wirst Du persönlich davon haben?

   _____

   _____

   _____

2. Lege fest, innerhalb welcher Zeit Du Dein Ziel erreichen möchtest. Sei dabei realistisch und überfordere Dich nicht!

   _____

   _____

   _____

3. Formuliere konkrete, praktische Schritte, die Du
   zu unternehmen bereit bist!

   _____

   _____

   _____

Übe jeden Tag auf's Neue, die erdachten Veränderungen
auszuprobieren und lass Dich von dem einen oder anderen Rückschlag nicht beeindrucken!

Dem Worst-Case-Szenario ins Auge sehen

Wie Du bereits erfahren hast, entsteht das Gefühl der
Eifersucht aufgrund Deiner Verlustangst, der Angst vor
dem Vergleich mit Anderen sowie der Angst vor Gesichtsverlust. Alles in allem haben wir es also, wie bereits angesprochen, mit Angst zu tun. Und diese Angst
wiederum ist nichts anderes als das Ergebnis Deiner eigenen Vorstellungen. Auch dies wurde ja bereits beschrieben. Diese Vorstellungen fühlen sich im Regelfall
alles andere als harmonisch an, sondern laufen gedanklich eher auf ein unbewusst erwartetes Worst-Case-Szenario hinaus. Du fürchtest das Eintreten einer Situation,
die Du als unerträglich empfindest und bist gleicherma-
ßen davon überzeugt, dass diese Situation genauso so
eintreten wird, sofern Du nicht mit allen erdenklichen
Kontrollmaßnahmen weiterhin dagegen hältst. Du versuchst also mit allen Mitteln und hohem energetischen
Aufwand etwas zu verhindern, von dem Du glaubst, es

sprichwörtlich nicht überleben zu können. Doch hast Du Dich eigentlich schon einmal gefragt, wo genau da der Denkfehler liegen könnte? Und was genau bei tatsächlichem Eintreten dieses befürchteten Worst-Case-Szenario's wirklich, also nüchtern betrachtet, „tatsächlich" passieren würde? Ich nehme an, dass Du bisher so unendlich tief in Deinen Emotionen gefangen warst, dass Du Dir Fragen dieser Art weder gestellt, noch irgendwie darüber nachgedacht hast. Der Denkfehler befindet sich dabei gleich auf zwei Ebenen. Zum einen gehst Du davon aus, dass das befürchtete Szenario auf jeden Fall so eintreten wird, solltest Du nicht weiterhin entsprechend „aufpassen" und zum anderen bist Du davon überzeugt, dass Dich dieses Szenario entsprechend umhauen, ja regelrecht aus der Bahn werfen wird, wenn es denn eintreten würde. Doch möchte ich Dich an dieser Stelle einladen, Dich mit den folgenden drei Punkten zu beschäftigen:

1. Schau das befürchtete Worst-Case-Szenario genau an. Ganz so, als ob es tatsächlich bereits eingetreten wäre und frag Dich, was Du in diesem Fall tun würdest
2. Beginn, Dich darüber hinaus zu fragen, wie viel höher die Wahrscheinlichkeit ist, dieses Szenario tatsächlich zu erleben, wenn Du so weiter machst, wie bisher,- also an Deiner Eifersucht festhalten würdest
3. Solltest Du Dich dabei ertappen, bei beiden Überlegungen gute Antworten zu finden, jedoch immer wieder mit einem „Ja, aber..." zu antworten, so möchte ich Dich ermuntern, dieses

„Aber" konsequent wegzulassen, denn es verhindert bereits im Ansatz alle heilsameren Alternativen und damit alle erforderlichen Lösungen.

Um Deine Gedankengänge nochmals weiter zu vertiefen, gehen wir die Angelegenheit noch einmal schrittweise durch. Nehmen wir also an, dass das, was Du am meisten befürchtest, auch tatsächlich eintreten würde. Du befindest Dich im genannten Worst-Case-Szenario. Und nun? Was genau würdest Du tun? Würde jetzt tatsächlich alles zusammenbrechen und Du wärst von nun an wirklich dauerhaft handlungsunfähig? Oder würdest Du Dich zunächst schlecht fühlen, doch nach einiger Zeit neue Wege finden? Wärst Du wirklich vollkommen hilflos oder könntest Du eben auch eigene Fähigkeiten einsetzen und nach alternativen Lösungen suchen? Kurzum: Wärst Du tatsächlich der Situation so hoffnungslos ausgeliefert, wie Du es befürchtest oder könntest Du mit all Deinen Möglichkeiten auch dieses Szenario letztendlich überwinden?
Wenn Du ganz ehrlich zu Dir selbst bist, wirst Du sicherlich feststellen, dass die angstbesetzte Situation zwar äußerst belastend sein würde, jedoch nicht gleich das Ende der Welt markiert. Im besten Fall würdest Du nach einiger Zeit erkennen, dass es nicht besonders vorteilhaft ist, an etwas festzuhalten, was nicht an Dir festhalten will. Und das Du eine ganze Reihe alternativer Möglichkeiten hast, Dich neu zu orientieren. Du würdest möglicherweise sogar zu der Erkenntnis gelangen, das jede Veränderung, sei sie auch noch so schwer, gleichsam neue Chancen bietet und die Folgen mitunter sogar langfristig besser sind, als das, was Du bisher er-

lebt hast. Wie häufig habe ich in meiner Praxis schon erlebt, dass Menschen, die sich gewagt haben, neue Schritte zu gehen, hinterher unglaublich erleichtert waren und sich fragten, weshalb sie sich in der Vergangenheit eigentlich so abhängig gemacht haben. „Gut, dass es so gekommen ist, sonst hätte ich meine neue Partnerin nie kennengelernt",- sind beispielhafte Sätze, die so oder so ähnlich immer wieder vorgetragen werden. Bereichert um die Erkenntnis, dass es hinter jeder Tür entsprechend weitergeht und nicht selten sogar viel besser, als es vorher gewesen ist.

Eifersucht macht unattraktiv

Solltest Du an dieser Stelle zum männlichen Leserteil gehören, so dürfte der nun folgende Abschnitt besonders interessant für Dich sein. Doch möchte ich auch die Damenwelt dazu einladen, dieses Kapitel zu lesen, denn es bietet gleichwohl die Chance, nicht nur sich selbst, sondern auch den Partner besser verstehen zu können. Außerdem trifft das, was gleich beschrieben wird, in vielen Fällen auch auf den weiblichen Teil der Partnerschaft zu. Normalerweise bist Du im Rahmen Deiner Eifersucht so unendlich tief in Deinen eigenen Befürchtungen versunken, dass Du Dir im Regelfall keine Gedanken darüber machst, wie das Ganze, also Dein Verhalten, eigentlich beim Anderen ankommt und was Du Deinem Partner bzw. Deiner Partnerin damit über Dich selbst mitteilst. Unbewusst passiert da nämlich unglaublich viel. Gehe einmal davon aus, dass im psychologischen Sinne hinter jeder Aussage oder Handlung auch ein Stück „Selbstoffenbarung" steckt. Dass heißt, dass Du bei allem, was Du tust und allem, was Du sagst, auch gleichzeitig etwas von Dir selbst preisgibst. Ob Du willst oder nicht. Und das, was Du im Rahmen Deiner Verlustangst nach außen signalisierst, ist nichts anderes, als dass Du Dich selbst unbewusst für nicht liebenswert hältst. Du teilst Deinem Partner mit, dass Du es nicht wert bist, geliebt zu werden, weil Du Dich noch nicht einmal selbst annehmen kannst. Wie jedoch soll Dich Dein Partner annehmen, lieben und vertrauen können, wenn Du es noch nicht einmal bei Dir selbst kannst? Das ist völlig unmöglich. Du verlangst also die unabdingbare Liebe sowie uneingeschränktes Vertrauen vom Anderen, ohne Dich selbst für liebenswert und wertvoll zu halten, geschweige denn ähnliches Vertrauen schenken zu können. Anstatt jedoch bei Dir selbst zu beginnen, fängst Du an zu hinterfragen, zu drohen und zu klammern. Nur, um eine Art bedingungslose Zuneigung des Anderen zu erpressen und in Folge nicht über sich selbst nachdenken zu müssen. Na toll. Frag Dich: Kann das wirklich funktionieren? Die direkte Antwort auf diese Frage lautet ganz klar: Nein, das kann nicht funktionieren und wird auch nie funktionieren. Wenn es so funktionieren würde, wäre ja schließlich alles in Ordnung. Ist es aber nicht. Das Einzige, was beim Anderen wirklich ankommt, ist ein hohes Maß an Unattraktivität, denn Du zeigst schlicht und ergreifend Deine eigene Bedürftigkeit an, sonst nichts. Das macht per se Unattraktiv und der Partner wendet sich naturbedingt ab. Während eine gewisse „Bedürftigkeit" bei Frauen für einige Männer im Rahmen eines gewissen „Großrittertums" noch einigermaßen attraktiv erscheint, ist es für die meisten Frauen geradezu ein No-Go, wenn Männer sich auf diese Art und Weise präsentieren. Viele haben den Eindruck, eher ein weiteres Kind, nicht jedoch den Partner an der Seite zu haben. Männlich Attraktivität zeichnet sich eher durch ein Signal der Klarheit und Unabhängigkeit aus. Doch selbst Frauen, die etwas unnahbarer erscheinen, liegen bei vielen Männern höher im Kurs, als diejenigen, die alles für den Anderen zu tun bereit sind. Natürlich darfst Du mir an dieser Stelle auch vehement widersprechen, sollte es bei Dir anders sein. Es geht nicht darum zu pauschalisieren. Doch bei den meisten Menschen verhält es sich genauso, wobei die psychologischen Gründe dafür durchaus erklärbar sind. Wenn Du Dich mit diesem Thema beschäftigen willst, so könntest Du im Rahmen einer Internet-Recherche entsprechende Stichworte, wie zum Beispiel: Eifersucht, Attraktivität, Verlustangst, Männer, Frauen, Partnerschaft usw. eingeben. Du wirst eine Menge nachvollziehbarer Erklärungen für dieses Phänomen erhalten.

Vielleicht hast Du bisher geglaubt, dass Du Dich für Deinen Partner besonders begehrenswert machst, indem Du Dich möglichst fest an ihn bindest, Dich anklammerst oder den Anderen mit ständigen Bekundungen zur Liebe überhäufst. Doch in Wahrheit ordnest Du Deine eigenen Bedürfnisse unter und sendest, wie erläutert, das Signal der Bedürftigkeit aus. Du teilst mit, den Partner unbedingt zu brauchen, weil Du Dich ohne ihn nicht für lebensfähig hältst. Doch „Brauchen" hat nicht viel mit Liebe zu tun. Es drückt lediglich Deine Abhängigkeit aus und verlangt vom Anderen schier Unmögliches. Abgesehen von einer immens hohen Verantwortung überträgst Du damit also das Signal der eigenen Abhängigkeit und Bedürftigkeit, nicht jedoch die Bereitschaft zu echter Liebe. Dies setzt den Partner jedoch massiv unter Druck, denn in dem Moment, wo Du zum Beispiel eine bedingungslose Liebe signalisierst, sendest Du gleichzeitig den Appell und die Erwartung aus, dass Du genau dies auch von Deinem Gegenüber verlangst. Beantworte daher die folgenden Fragen:

- Wie attraktiv möchte ich meiner Partnerin oder meinem Partner gegenüber erscheinen?

  _____

  _____

  _____

- Warum ist es so wichtig, sich selbst zu lieben und vertrauen zu können?

  _____

  _____

  _____

- Wenn ich meine Attraktivität nach außen erhöhen möchte,-was müsste ich dann tun?

  _____

  _____

  _____

- Wie empfindet der Andere meine eigene Bedürftigkeit?

  _____

  _____

  _____

- Welche Veränderungen könnte ich mir vorstellen, um schrittweise unabhängiger zu werden?

_____

_____

_____

Lass Dir bei der Beantwortung einzelner Fragen die Zeit, die Du brauchst, um die für Dich die passenden Ideen zu finden. Wie Du sicherlich auch innerhalb dieses Kapitels bemerkst hast, geht es letztendlich auch hier darum, Deinen eigenen Wert zu erkennen, Dich emotional unabhängiger zu machen sowie die Liebe und das Vertrauen zu Dir selbst wieder wachsen zu lassen. Und auch hier braucht alles seine ganz eigene Zeit. Wichtig ist nur, dass Du beginnst. Auch kleine Schritte ergeben in der Summe einen großen Schritt!

Eigenständigkeit und eigene Ziele

Die wirksamsten Wege aus Eifersucht und Verlustangst sind also Wege zum eigenen Selbst und damit verbunden die eigenen Ziele, Lebensvorstellungen und Motivationen. Wenn Du keine Ziele hast, kannst Du auch nichts erreichen. Es ist ähnlich, wie bei einem Navigationsgerät,- gibst Du kein Ziel ein, kannst Du auch nicht ankommen. Du fährst allenfalls orientierungslos in der Gegend herum und hoffst, irgendwo zu landen. Und wahrscheinlich hoffst Du dabei auf Menschen zu treffen, die Dir den Weg entsprechend weisen. Doch irgendwann merkst Du, dass das niemand wirklich macht, bis Du schließlich in einer Sackgasse landest und nicht mehr weißt, wo rechts und links ist. Du eierst im schlimmsten Fall sozusagen planlos durch die Welt. Doch Du brauchst eine eigene Zielvorgabe. Nicht nur, um anzukommen, sondern auch um den erforderlichen Weg eigenständig und unabhängig gehen zu können. Des weiteren brauchst Du Motivation, also den unbedingten Willen, dieses Ziel auch erreichen zu wollen,- koste es, was es wolle. Idealerweise hast Du also eigene Ziele und genaue Vorstellungen von Deinem Weg und Deinem Leben. Hast Du diese nicht oder nur unvollständig, solltest Du noch heute beginnen, danach zu suchen. Es ist nicht weiter tragisch, noch nicht genau zu wissen, wo es langgehen soll. Fang einfach an, Dich in Deine Richtung zu orientieren und sammle zunächst alle Ideen, Informationen und Hinweise. Du wirst Dein Ziel finden!

Bei Eifersucht und Verlustangst fehlen diese eigenen Ziele häufig oder sind nur unzureichend ausgeprägt. Die Folge ist, dass sich die Betroffenen an andere Menschen klammern, sich anpassen, die eigenen Bedürfnisse weitestgehend unterordnen und letztendlich den Weg des Anderen gehen. Von jetzt an bestimmen Andere, wo es lang geht und im besten Fall hast Du ab und zu mal Glück, sofern sich die Vorstellungen des Partners zufällig auch mal mit Deinen kreuzen. Dieser Weg ist jedoch nie der „Eigene" und so entsteht zwangsläufig ein innerer Konflikt, denn Du machst ja im Rahmen der Anpassung Dinge, die Du selbst oft anders angehen würdest. Dieser Konflikt wiederum führt zu innerer Anspannung und Unzufriedenheit, da die Diskrepanz zwischen dem, was Du willst und dem, was Du machst, stetig größer wird und irgendwann kaum mehr auszuhalten ist. Das berühmte „Fass" läuft voll. Um Deine eigene Unzufriedenheit abzuwehren, greifst Du nunmehr umso stärker zu Abwehrmaßnahmen, die den Partner in eine Rolle zwingen sollen, die weder die Rolle des Partners ist, noch irgendwie hilfreich wäre. Im Gegenteil. Du verwendest Deine Energie mehr und mehr darauf, den anderen auf Grundlage Deiner Angst „einzuordnen" und bemerkst häufig erst sehr viel später, dass Dir diese Energie, die Du für das Einnorden des Anderen verschwendest, für Dich selbst fehlt. Doch jede Energie, die Du an einer bestimmten Stelle einsetzt, fehlt Dir, wie schon einmal erwähnt, in anderen Bereichen. Möglicherweise eben bei Dir selbst. Wenn die Batterie leer ist, kannst Du auch keine Leistung mehr erbringen und bist daher kaum mehr in der Lage über eigene Ziele nachzudenken, geschweige denn, sie zu erreichen. Doch gerade diese eigenen Ziele sind im Hinblick auf die Überwindung Deiner Eifersucht besonders wichtig. Im Kern geht es darum, sich aus einer emotionalen Abhängigkeit zu lösen und die Aufmerksamkeit wieder verstärkt zu sich selbst zu lenken. Nicht, weil es einfach ist, sondern weil es richtig ist. Der einfachste Weg scheint bei vielen Menschen oft der Weg des geringsten Wiederstandes zu sein, doch wo steht geschrieben, dass dieser Weg Dich auch dahin führt, wo Du hin willst? Natürlich kannst Du Dich auch jederzeit dafür entscheiden, die Abhängigkeit zum Partner oder auch weiteren Menschen in Kauf zu nehmen, nur um nicht selbst tätig werden oder irgendwas verändern zu müssen. Auch kannst Du weiterhin versuchen, Deine Angst durch weitere Abwehrmaßnahmen in Grenzen halten zu wollen,-

doch bist Du damit wirklich glücklich? Niemand schreibt Dir vor, was Du zu tun oder zu lassen hast. Doch mach Dir bewusst, dass jede Deiner Entscheidungen, ob groß oder klein, einen sogenannten Kosten,- sowie Nutzsenfaktor hat. So kann die Entscheidung, in Abhängigkeit zu bleiben, vielleicht dazu dienen, nicht selbst über Dich und Deine Angst nachdenken zu müssen. Du musst faktisch nichts verändern und kannst einfach so weitermachen wie bisher. Soweit der mögliche Nutzen. Auf der anderen Seite bleibst Du eben auch in Abhängigkeit und musst Dich den Vorstellungen des Anderen weitestgehend unterordnen. Das könnten die Kosten sein. Das heißt, -auch wenn Du Dich dafür entscheidest, alles so zu belassen, wie es war, triffst Du eine Entscheidung. Hast Du den Eindruck, dass dies die Richtige für Dich wäre? Schau selbst, ob Dir die Kosten höher erscheinen, als der Nutzen oder ob Du sie noch immer bereit bist in Kauf zu nehmen um ja nichts ändern zu müssen. Sollten Dir diese Kosten jedoch mittlerweile viel zu hoch erscheinen, möchte ich Dich einladen, Dich mit der Beantwortung folgender Fragen zu beschäftigen:

- Was sind meine Interessen, beziehungsweise meine Leidenschaften?

- Wo will ich hin beziehungsweise was möchte ich auf Grundlage meiner Interessen erreichen?

  _____

  _____

  _____

- Was würde ich tun, wenn es nichts zu beachten gäbe und ich die freie Wahl in Bezug auf die Gestaltung meines Lebens hätte?

  _____

  _____

  _____

- Was würde ich ohne meine Angst machen?

  _____

  _____

  _____

- Was werde ich davon haben, diesen Interessen nachzugehen beziehungsweise herauszufinden, was genau diese Interessen sind? Was werden meine ganz persönlichen Vorteile sein?

  _____

  _____

  _____

- Welches Gefühl verbinde ich mit dem Errei-chen dieser Ziele?

  _____

  _____

  _____

- Welche praktischen Schritte werde ich gehen, um meine Interessen zu finden sowie meine Leidenschaften zu entdecken?

_____

_____

_____

Eigene Ziele, Interessen und idealerweise Leidenschaften sind also für den Weg aus der Sucht (Eifersucht ist Sucht) unerlässlich. Finde heraus, was Dich persönlich ausmacht und was Dein ganz eigener Weg sein könnte. Du wirst dabei sehr schnell erkennen, wie sehr sich dieser Aufwand lohnt und wie er schnell er sich für Dich auszahlt!

Wie Du Deinen Partner WIRKLICH an Dich bindest

Ich nehme an, dass es nunmehr, und besonders nach Lesen dieses Buches, Dein größter Wunsch ist, die Eifersucht endlich hinter Dir zu lassen und mit Deinem Partner möglichst lange, vielleicht sogar für's Leben, zusammen bleiben zu wollen. Wie Du Deine eigenen Themen, Deine Eifersucht sowie die dahinter liegende Verlustangst effektiv angehst und weshalb Du dies auch mutig umsetzen solltest, habe ich Dir ja bereits in den vergangen Kapiteln ausführlich beschrieben. Und was Du tun kannst, um das zu erreichen, was Dir am allerwichtigsten erscheint, nämlich Deinen Partner tatsächlich an Dich zu binden, möchte ich Dir im letzten Abschnitt dieses Buches beschreiben.

Du weißt jetzt, dass Dich Deine Eifersucht sowie die damit verbundenen Kontrollmaßnahmen sicher zum Gegenteil von dem führen, was Du Dir wünscht. Und das, obwohl es relativ simple und noch dazu positiv-stärkende Maßnahmen gibt, die Du ergreifen kannst, um Deinen Partner wirklich an Dich zu binden. Sozusagen die gesunde Art, den Partner zu lieben und die gemeinsame Zeit zu genießen. Sei dabei einfach ein bisschen schlauer wie Deine Angst. Stell Dich über dieses Gefühl und setz einfach Deinen Verstand ein. Es gibt wesentlich einfacherer und deutlich wirksamere Maßnahmen, den Partner von sich zu überzeugen. Im Folgenden beschreibe ich Dir, was Du als Mann oder als Frau tun solltest, um Deine „Bessere Hälfte" viel sicherer an Dich zu binden.

<u>Maßnahmen, die Du als **Mann** ergreifen kannst, um eine Frau von Dir zu überzeugen und die Bindung zu vertiefen:</u>

- Bleib einfach Du selbst, steig aus Deiner Angst aus und verstell Dich nicht, denn schließlich hat sich Deine Partnerin ja für DICH entschieden, nicht für einen Anderen und schon gar nicht für irgendeine Rolle, die Du spielst.
- Nimm eine klare Haltung beziehungsweise klare Position ein. Frauen lieben es, wenn ein Mann seine eigene Meinung hat und diese entsprechend selbstbewusst vertritt. Dies entspricht schlichtweg ihrer Natur, ist sie doch aus evolutionären Gründen, also aufgrund ihrer natürli-

chen Prägung, darauf aus, das jeweilige „Alphamännchen" zu wählen, da nur dieses das Bedürfnis nach Sicherheit, Halt, Schutz und Geborgenheit verspricht. Jedenfalls in der Wahrnehmung der Frau. Natürlich solltest Du trotzdem kompromissbereit und offen für ihre Wünsche sein.

- Zeig Dich unabhängig! Es wirkt auf Frauen viel attraktiver, wenn Du als unabhängig denkender, eigenständiger Mensch wahrgenommen wirst, da sich die meisten Frauen instinktiv und unbewusst nach der bereits beschriebenen Sicherheit und Geborgenheit sehnen, die sie vom Partner, also von Dir als Mann, erwarten. Wenn Du Dich also eher von Seiten Deiner Verlustangst präsentierst, wird sie das entsprechend wittern und sich tendenziell zurückziehen, denn Du gibst ihr damit schlicht nicht die Sicherheit, die sie braucht. Im Gegenteil. Angst entsteht aus Unsicherheit und diese Unsicherheit würdest Du unbewusst übertragen!

- Sei nicht zu nett und lauf ihr auch nicht hinterher, denn auch das drückt, anders als Du es vielleicht noch immer denkst, lediglich Deine Bedürftigkeit aus und lässt Dich im Ansehen Deiner Partnerin eher blass aussehen. Dies bedeutet jedoch nicht, dass Du von nun an nur noch völlig egozentrisch durch die Gegend laufen musst, sondern eher, dass Du auch hier durch eine klare, aber faire Haltung eine entsprechend deutliche Position beziehst.

- Zeig ihr, dass Du nicht auf sie angewiesen bist. Auf Frauen wirkt es enorm anziehend, wenn der

Mann immer wieder ein wenig „erobert" werden muss und dafür entsprechend gekämpft wird. Gib ihr daher immer mal wieder das Signal, dass Du unabhängig bist und im Zweifelsfall auch einfach Dein eigenes Ding machen könntest. Dies hält sie in einem wichtigen Nähe-Distanz-Konflikt, der jedoch in diesem Zusammenhang alles andere als negativ oder gar manipulativ zu verstehen ist. Ist ein Mann dagegen zu nett, stets bemüht und die absolute Treue zelebrierend, verlieren viele Frauen, meistens zunächst im sexuellen Bereich, sehr schnell das Interesse. Gib ihr also durchaus das Gefühl, auch um DICH immer wieder ein wenig kämpfen zu müssen.

- Bring ihr ab und zu eine Kleinigkeit, wie zum Beispiel Blumen mit und versuche, sie immer wieder zu überraschen.

- Zeig Dich offen und verständnisvoll für ihre Belange, selbst wenn Dir so manche Themen völlig überflüssig erscheinen. Frauen wollen manchmal auch einfach nur etwas erzählen, ohne gleich eine Lösung zu erwarten. Hier reicht oft das „Offene Ohr"! Mach ihr immer mal wieder ein Kompliment, doch überhäufe sie nicht damit. Hier kommt es wirklich auf die entsprechende Dosierung an.

- Hol Deine Partnerin nach Möglichkeit besonders auf der emotionalen Ebene ab, denn Frauen denken und fühlen bei weitem nicht so pragmatisch wie die meisten Männer und wünschen sich jemanden, der sie versteht, aber dennoch eine eigene Meinung vertritt.

- Verabschiede Dich unbedingt von Deiner Verlustangst, hör auf zu klammern und das Signal der Bedürftigkeit auszusenden. Es gibt für die meisten Frauen nichts „Abtörnenderes" als Männer, die sich abhängig klammernd, ängstlich und bedürftig zeigen. Du wirst dann nicht als Mann und schon gar nicht als Partner, sondern als Kind wahrgenommen, was mehr oder weniger verzweifelt nach der Liebe der Mutter schreit. Dies hat jedoch nichts mit Liebe zu Deiner Partnerin zu tun, sondern ist lediglich Ergebnis Deiner noch nicht befriedigten Bedürfnisse. Mach Dir bewusst, dass Deine Partnerin nicht Deine Mutter ist, sondern Deine Frau!

Lass mich die wichtigsten Punkte für Dich noch einmal zusammenfassen. Wenn Du also Deine Partnerin wirklich davon überzeugen möchtest mit Dir zusammen sein und zusammen bleiben zu wollen, dann übe Dich darin, folgende Punkte unbedingt zu beachten. Wichtig ist:

- Authentizität
- Selbstbewusstsein
- Unabhängigkeit
- Emotionalität
- Offenheit
- Klare Position
- Erwachsensein

Nebenbei bemerkt ist es, wie Du Dir sicher vorstellen kannst, nicht nur in Hinblick auf Deine Partnerschaft wichtig, die oben genannten Punkte zu verinnerlichen, sondern diese werden Dir auch in vielen anderen Bereichen Deines Lebens effektiv weiterhelfen. Ich bin sicher, dass sich die meisten der Themen, die Dich aktuell beschäftigen, damit ebenfalls positiv beeinflussen lassen. Probiere es einfach aus. Du musst dabei absolut nicht perfekt sein. Sei einfach Du selbst und leg am besten noch heute los. Darüber hinaus kannst Du Dir sicher sein, dass Du Dich damit ohnehin auf die wahrscheinlich spannendste Reise schlechthin begibst,- nämlich der Reise zu Dir selbst!

Maßnahmen, die Du als **Frau** ergreifen kannst, um einen Mann von Dir zu überzeugen und die Bindung zu vertiefen:

* Lass am besten Deinen Partner einfach „Mann" sein, also so sein, wie er ist. Versuch nicht, ihn verbiegen zu wollen, sondern gib ihm das Gefühl, er selbst bleiben zu dürfen. Versuch ein bisschen seine Sprache zu sprechen und Verständnis für seine Interessen zu haben. Steh einfach ein bisschen „drüber" und nimm typische männliche Verhaltensweisen eher mit einer Art „wohlwollenden Humor" auf. Dies wirkt unglaublich anziehend auf viele Männer.
* Sei selbstbewusst und klar, denn auch Männer mögen eine klare Position wesentlich lieber als das „Graue Mäuschen" von nebenan. Dabei

solltest Du natürlich nicht egozentrisch und überheblich sein. Es geht vielmehr um eine klare, selbstbewusste Meinung, die Du auch gegenüber Deinem Partner vertreten solltest, ohne die weiblich-liebevolle Art zu vergessen. Freundlich, aber klar eben. Das gibt ihm das Signal, dass Deine Liebe ehrlich, doch nicht selbstverständlich ist. Du unabhängig denkst und er sich immer wieder um Dich bemühen muss.

- Sollte Eifersucht und Verlustangst bei Dir zu Maßnahmen der Kontrolle und Gefühlen des Misstrauens geführt haben, Du also ständig hinterfragst und Deinen Partner versuchst einzuschränken, so ist es, wie im Buch bereits ausführlich beschrieben, wichtig, so schnell wie möglich aus diesen Gefühlen auszusteigen und wieder genau das Gegenteil von dem zu tun, was Deiner Beziehung sonst nur schaden würde. Wie Du Deine Angst effektiv überwindest, wurde ja ausführlich beschrieben. Setze daher alles daran, Deine Verlustangst zu überwinden und hol Dir im Zweifelsfall unterstützende Hilfe von außen.

- Männer wollen Frauen naturgemäß immer wieder neu erobern und deshalb sollte es auch nicht vollkommen selbstverständlich sein, dass er Dich jederzeit sicher an seiner Seite weiß. Sei ruhig hier und da auch mal ein bisschen unerreichbarer und nicht generell wie ein offenes Buch. Gib ihm die Gelegenheit, sich um Dich immer wieder bemühen zu müssen. Frauen, die etwas unerreichbarer erscheinen, wirken auf viele Männer wesentlich anziehender und damit attraktiver. Das hält ihren „Jagdinstinkt" wach und sendet gleichzeitig das Signal Deiner Eigenständigkeit aus. Dies wiederum veranlasst ihn unbewusst dazu, immer wieder sicherstellen zu wollen, dass Du an seiner Seite bleibst und mehr über Dich herausfinden zu wollen. Bist Du dagegen stets offen, ohne jegliche Rätsel und Geheimnisse, wird es für einen Mann schnell langweilig und in Folge unattraktiv.

- Achte auf Deine Ausstrahlung. Männer lieben es, wenn Frauen eine offene und lebensbejahende Ausstrahlung haben.
- Idealerweise verstehst Du Dich mit seinen Freunden sowie seiner Familie gut und zeigst Verständnis für sein Umfeld und seine Interessen.

Auch an dieser Stelle möchte ich die wichtigsten Punkte für Dich noch einmal zusammenfassen. Wenn Du also Deinen Partner wirklich davon überzeugen möchtest mit Dir zusammen sein zu wollen, dann übe Dich darin, folgende Punkte unbedingt zu beachten:

- Akzeptanz Deiner und seiner Persönlichkeit
- Selbstbewusstsein aufbauen und die eigene Meinung vertreten
- Überwindung von Eifersucht und Verlustangst
- Ein wenig Geheimnisvoll und unerreichbar bleiben
- Ihn hin und wieder loben und zeigen, wie „Toll" er ist
- Auf positive und gepflegte Ausstrahlung ach-

ten

- Gute Beziehung zu seinem Umfeld pflegen
- Ein eigenes Leben haben und sich ein Stück Unabhängigkeit bewahren

Du kannst also sehr viel tun, um wesentlich wirksamer dafür zu sorgen, dass Dein Partner Dich wirklich will und stets der Mann an Deiner Seite sein möchte. Im Grunde genommen ist das viel einfacher als Du denkst. Männer finden es unglaublich anziehend, wenn eine Frau den Partner so annimmt wie er ist, ihn gelegentlich ein wenig bewundert und ihm zudem das Gefühl gibt, das er der „Größte" sei. Wenn Du ihn also hin und wieder für seine „Fähigkeiten" lobst, jedoch selbst ein wenig geheimnisvoll bleibst sowie Deine eigene Meinung vertrittst, wirst Du fast immer bekommen, was Du willst. Stellst Du zudem in Aussicht, auch noch offen für seine „geheimsten Wünsche" zu sein, wirst Du ihn wahrscheinlich überhaupt nicht mehr loswerden. Schade nur, das die meisten Männer über solch latent vorhandenen Wünsche kaum sprechen.

Wie auch immer die aktuelle Situation bei Dir zur Zeit aussieht,- Du hast jetzt und jederzeit die Möglichkeit, Dein Leben und Deine Beziehung in eine bessere und vor allem glücklichere Richtung zu lenken. Es spricht nichts dagegen, dass Du dieses Buch ein weiteres Mal liest und die für Dich wichtigsten Fragen nochmals beantwortest. Wie gesagt,- Veränderung kommt von „Verändern" und nicht von „Hoffen" auf Veränderung. Leg einfach los und erlaube Dir, Dein eigenes Ding in Deiner ganz eigenen Zeit zu machen. Häufig ist bereits der Weg das Ziel. Wichtig ist nur, dass Du praktisch anfängst und die Bereiche angehst, die Dich und Deine Partnerschaft immer wieder negativ beschäftigen und euch statt guten Erlebnissen nur wertvolle Lebensenergie rauben. Ich hoffe, Dir mit diesem Werk eine Hilfestellung gegebenen zu haben und wünsche Dir auf Deinem weiteren Lebensweg alles Gute, viel Erfolg und vor allem eine wunderbare Partnerschaft!

Weitere Informationen zu diesem Thema sowie Seminar- und Kursangebote zur effektiven Überwindung Deiner Eifersucht findest Du auch auf den Internetseiten:
www.guethe-therapie.de
www.eifersucht-trennung.de

Literaturhinweise findest Du auf den folgenden Seiten!

Literaturhinweise

Glaskörpertrübungen psychologisch lösen -
Wie Sie Ihr Leben wieder in die Hand nehmen

Buch mit 160 Seiten, Deutsch

Books on Demand; Auflage: 1 (20. Juli 2017)

ISBN-10: 3744856445

ISBN-13: 978-3744856447

Bestellungen über www.bod.de

Autor: Jens Güthe

Glaskörpertrübungen, oder auch Mouches Volantes ge-
nannt, sind für viele Menschen äußerst lästige Erschei-
nungen, die sich durch Schlieren, Punkte, Striche,
Klumpen und Wolken im Sichtfeld des Betroffenen ent-
sprechend bemerkbar machen und die Qualität des Se-
hens erheblich beeinträchtigen können. Häufig stören
diese Gebilde so sehr, dass eine Weiterführung der täg-
lichen Aufgaben oder sogar ein Genuss des Lebens un-
möglich erscheint. Sogar Phasen tiefster Depression
sind möglich und eine medizinische Behandlung kann
bislang eher nur in seltenen Ausnahmefällen erfolgen.
Doch niemand muss sich so einfach mit einem Zustand
abfinden, der auf den ersten Blick außerordentlich be-
lastend erscheint. Erfahren Sie, wie Sie auf ganz einfa-
che Art und Weise Ihr Leben wieder in die Hand neh-
men, sich nicht mehr länger Ihr Wohlbefinden nehmen
lassen und die Erscheinungen sogar zu Ihrem persönli-
chen Gewinn machen.

Unwissenheit schützt vor Folgeschäden -
Was wir davon haben, weniger zu wissen

Überleben in Zeiten medialer Überfrachtung

Buch mit 208 Seiten, Deutsch

Books on Demand; Auflage: 1 (25. August 2017)

ISBN-10: 3744898598

ISBN-13: 978-3744898591

Bestellungen über www.bod.de

Autor: Jens Güthe

Wir leben in einer Welt voller Informationen. Ständig verfügbar, leicht zu erhalten und praktisch verpackt in bunten Applikationen sowie einer schier unüberschaubaren Zahl medialer Angebote. Wir werden berieselt und sind doch oft benebelt, meistens überfordert und nicht selten depressiv. Aber müssen wir wirklich alles so genau wissen? Brauchen wir tatsächlich zum wiederholten Male die Inhalation immer gleicher Inhalte in unterschiedlicher Verpackung? Jedenfalls nicht, wenn es uns besser gehen soll, so der Autor. Klar und verständlich, mit einem Hauch von Ironie, bieten dieses Buch die Chance, das Wesentliche im medialen Chaos zu erkennen und damit wieder Zeit für sich selbst und die wirklich wichtigen Dinge des Lebens zu schaffen!